貓空
維芷宮

頭籤

籤詩箋解何處尋
踏破鐵鞋無得覓
幸得此書點迷津
救拔眾生迷惘中

展書科科

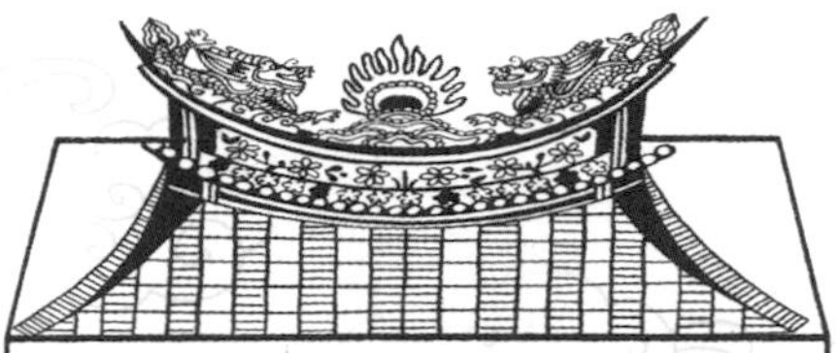

神明誠徵專屬解籤人

【籤詩密碼】

徐維芷 著

目次

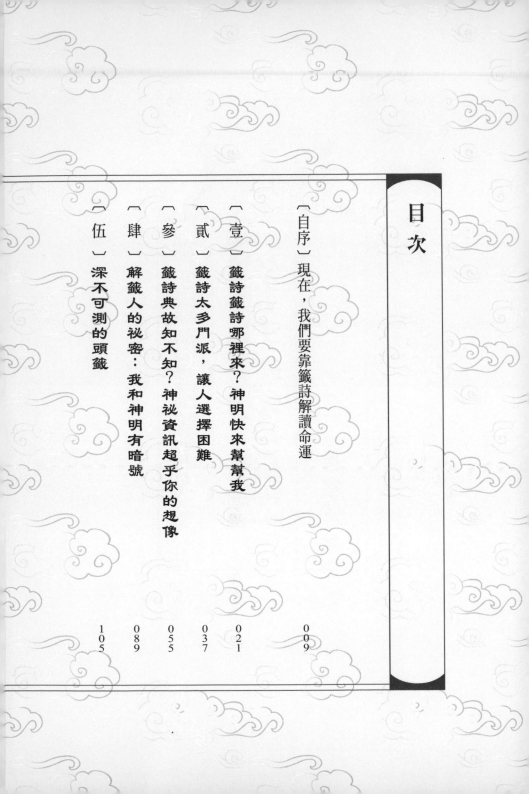

神明24小時全年無休為您服務！
各種回答應有盡有！服務第一、信徒至上！

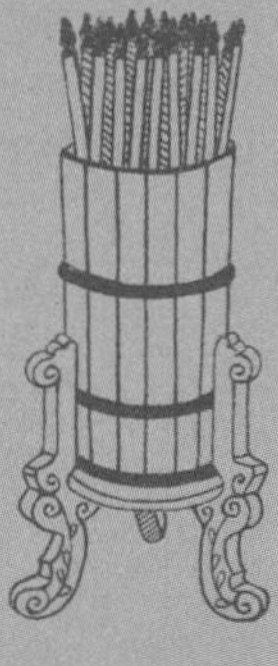

自序

現在，我們要靠籤詩解讀命運

各位讀者，當你們翻閱這本書的時候，一定覺得很有興趣：是不是說看了這本書，懂了籤詩在做什麼？是否就能預測未來，改變自己的生命？我想這個問題，可以從我是怎麼開始解籤研究的，來跟大家分享。

請問大家還記得人生中抽出的第一張籤詩嗎？是在什麼地方、什麼樣的情況下抽的呢？為了家人、還是情人？為了財運、還是考運？抽籤對大家而言，留下怎麼樣的回憶？

對我來說，這是引起幼小的我對命理感到好奇的契機。

大約四五歲時，我跟著退休的長輩們去深山旅遊，車子在山中小徑九彎十八拐，我在半路上吐得一塌糊塗。半夢半醒之間，睜開眼睛，驚訝地發現車子置身在雲霧當中，前方一片迷濛。原來山上起大霧，前途茫茫，長輩只能放慢速度行駛。不知又行駛了多久，終於雲開霧散，我們開到湖邊，在旁邊的廟稍事休息。

長輩們閒來無事，看到廟裡的籤筒，便嚷嚷著要為兒孫們求籤。懵懂的我被拉著說要求未來人生運勢，這便是我人生第一張抽到的籤。當時只記得長輩們問了廟祝之後，很高興地說：你長大會遇到貴人呢，運氣真好。長大後才知道這是六十甲子籤詩的第四十三籤：

一年作事急如飛
君爾寬心莫遲疑
貴人還在千里外
音信月中漸漸知

當時我每天忙著在幼稚園的點心時間搶著喝果汁牛奶，很疑惑難道神明是想告訴我，不應該搶著吃牛奶點心嗎？長輩們又說上面寫著長大會遇貴人，可是什麼叫遇貴人呢？是我將來會發生事情，然後像連續劇那樣，會有好人來救我嗎？我留下深深的疑惑：真的有命中注定的事情嗎？籤詩上說的這些事真的會發生嗎？如果是壞事呢？有辦法避免嗎？

等到年歲漸長，發現周遭朋友常徬徨於命運的不可知，有時出遊經過廟宇，也樂於求籤。有些人跟著朋友起鬨求籤，是為了好玩；有的人求籤是為了解決眼前的疑難；有些人是對現實迷茫找不到方向；有的人求籤是想要和神明對話，尋求慰藉；也有的人想要尋求哲學思索，希望能從神明那裡知曉自我生命的意義。

我懷抱著這樣的疑惑成為文藝青年，在漫畫店認識了一位神祕大哥哥，他不知道從哪裡學了一堆算命術數，有空時會和我閒聊。當他知道小妹妹我對算命也有興趣，馬上就想要教小朋友理解世間大道，人生目的。可惜的是，我並不懂他在講什麼，好

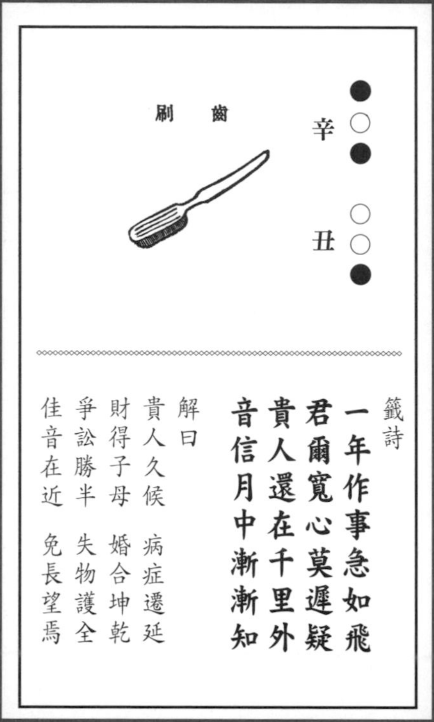

辛丑

齒刷

籤詩

一年作事急如飛

君爾寬心莫遲疑

貴人還在千里外

音信月中漸漸知

解曰

貴人久候　病症遷延

財得子母　婚合坤乾

爭訟勝半　失物護全

佳音在近　免長望焉

北港朝天宮擁有一部日治時代的解籤本，六十甲子籤詩每首都配上一幅特別的聖籤圖，讓神明的旨意能獲得更好的解釋。

像是某種很高深的風水理論，專門看房間風水位的。

多年後我才知道，大哥哥是某位很有名氣的老師的入室弟子，懂很多不傳之祕。據大哥哥說，這些在古代不外傳，就算付學費入門求學了，老師還會留一手。大哥哥自己很用功，纏著老師不放，後來這老師終於把最後的口訣技術教給了他。然而，我當時奮戰於大學考試，並沒有注意大哥哥到底在學什麼。十多年之後，據說大哥哥還真的變成五術（山、醫、命、卜、相）當中某學門的一代宗師，頗不可思議。

或許這一切冥冥中似乎有什麼，當我們理解這些事，就能對生命有個明確的方向。為什麼有的人成功了，有的人卻失敗了呢？有些失敗的人並非不努力不聰明，但是確有不知名的因素導致了一些問題，而這些事情絕非努力可以達成的。而有些人運勢旺盛，有些人似乎總是運途不順，這到底是什麼原因？我因為想要知道生命的道理究竟為何，在課餘開始接觸宗教、神祕學、塔羅、籤詩，尋求能解答我疑惑的方向。

這也是為什麼對我來講，解籤算命是如此的重要。

一開始我沉迷於新興的網路求籤，但是網路籤詩的解釋較為節略，常直接跳到結論，不知道中間是如何推論到會發生某種情況；只好自行找書來讀，可是早期研究籤詩頗冷門，大多就自己去書店買書或是到廟裡看解籤書，而且籤詩書籍蒐集不太容易。尤其早年的解籤書也有自印的，並沒有正式出版。除了一般書店較少賣這類書籍，得去特別販售算命書籍的書店購買，有些解籤書是廟宇自印，或熱心同好自印提供給廟宇使用。我常念著念著，覺得很多疑惑不通的地方，有些解釋的關鍵被省略了，甚至不合邏輯。如果是這樣子的話，到底哪套籤詩最靈驗？

回溯台灣早期的籤詩，因為許多廟宇的廟祝學養有限，甚至解籤人不識字也是有的。當時能夠有明確的籤詩承傳就已經很了不起了，甚至可能只有比較口語的籤詩。在解籤時，多以民間傳說典故解籤，有時穿鑿附會之下，約定俗成的狀況很多，多以經驗來解，並非邏輯。

舉例來說，台灣目前能找到最早期的籤詩，像是早期的六十甲子籤詩本，都沒有

《易經》相關資訊、圖像或者是紀錄。當代一些地區的六十甲子籤詩本，每首籤詩旁邊會有小格子，提到此籤是《易經》的哪一卦，明顯為後人所加。

籤詩會配上《易經》，一定是有解籤人懂《易經》，幫廟宇修改籤詩時又加上去。這在算命學裡面是經常有的狀況，各種相關知識會慢慢隨時間跟參與的人增加，概念性理論也會增加，西洋的占星學也是如此。像是中國算命術後來在傳教士東來之後，也是把西洋的一些占星術加進去，那麼籤詩慢慢加入《易經》也是很合理的。

六十甲子籤詩相對於其他體系的籤詩，經過了無數人的修改潤飾，是擁有完整體系的籤詩。它常配合陰陽五行，甚至於可以配合《易經》，做出深度涵義解釋。

但也因前人諸多潤色，造成了籤詩不可解的問題。例如：甲子籤詩，若是搭配《易經》，照理來說是會照籤詩順序搭配卦象順序，什麼籤配什麼卦。那麼讀者們一定覺得奇怪，《易經》是六十四卦，要怎麼配上籤詩呢？籤詩是六十首，或包含頭籤之後是六十一首，籤詩數字無法與《易經》完全配合，六十四卦配六十籤詩，會有四卦《易經》沒有辦法配籤詩。其次，卦象的順序到底該怎麼辦？哪支籤配哪一個卦？不能亂配，卦是有順序的，直接第一卦配第一首籤詩嗎？這些卦的順序是很讓人疑惑的，又要配上籤詩本身的意義，實在讓人不解。我愈深入研究，反而愈疑惑。

至於為什麼會如此混亂？訪談各方廟宇的時候，解籤人對於此有各自的解釋：有些人表示自己學養有限，因此略過《易經》部分不談，只用字面解或故事解；也有人表示以故事解籤為主就好，《易經》只是輔助；另有人表示，只用字面解即可，其他可忽略不計，畢竟是神明的旨意為主，最終總是要回歸到神明身上。

不管如何，除了每個研究跟修改籤詩的人都會加上自己的理解之外，也有不足為外人道的原因。我看過有解籤人自製很厲害的解籤筆記，但是從未出版過，只怕將來就跟某些珍貴的古書一樣失傳了。有些人則表示自己辛苦研究出來的祕訣，生怕他人學去，所以沒有刊載全文；也有人表示將來要以此為業，或是開課教學，所以沒有完全出版；更有人表示擔心萬一有人按照自己寫的解籤書來解，當事人自己亂解錯了，造成他人誤解，而害人做出錯誤的決定，那作者要擔負很大的業障，因此不願意出書……如此種種，都導致承傳的問題。

網路興起之後，許多研究者開始在網路整理廟宇的籤詩及註解，像是知名的「籤詩網」，欲獲得籤詩進一步資訊的民眾都會上網查詢。從早期的奇摩知識家到後來PTT的籤詩版，總是有求籤者絡繹不絕來問事，不分時段，全年無休。

但我們亦可發現，網路上的籤詩解析如此之多，導致訊息更加混亂了。這時候就依靠熱心解籤人幫助，友人即使在Google之後，仍會特地打電話來詢問籤詩涵義，我曾表示：「網路上不是有嗎？為何要問我？」朋友總云：「問你最快，懶得查了。」真是不可思議，雖然沒有說要人考證或是查證，但是需要求籤之人抱持隨意的態度，這大抵也是籤詩變化多端的緣由之一。

寫作本書時，拜訪了諸多寺廟。然而，愈是想努力瞭解籤詩狀況，卻清楚理解到台灣目前的寺廟有一萬多家，各行其是。我後來覺得，也許不用執著於那些籤詩字句的解釋問題，只希望這本書能解析籤詩中的文化脈絡，補足某些遺落的拼圖即可。

本書想要回答生命的課題，主要是關於解籤背後的運行機制，能否在理解之後，讓我們增加成功機率，或是能夠避開陷阱。藉由理解籤詩背後的典故，瞭解台灣社會的演變，並且希望我們也能承傳、留經驗給後面的人。藉著籤詩，我們能知道神明對我們的期許，如何運用這些前人的智慧來使生命更美好。

這一路走來，真的讓我遇到了很多貴人。在此特別感謝：行天宮解籤部門、鹿港龍山寺、鹿港天后宮、台中萬春宮、台中樂成宮、南瑤宮、北港朝天宮、東港鎮海宮、東港東隆宮蕭先生、大甲鎮瀾宮的解籤人員們；特別感謝大甲鎮瀾宮的郭先生，台中樂成宮莊先生、北港朝天宮紀組長，各位大德不吝惜指導，也謝謝廟方人員細心地回應我的各種問題。

台灣寺廟眾多，還有許多廟宇尚未拜訪，而籤詩也難以計數，若有疏漏，還請各方大德能給予指點。

〔壹〕

籤詩籤詩哪裡來？神明快來幫幫我

【神明曰：不想幫，給一個笑杯可以嗎？】

解曰

婚 功 移 求 生 作 月 官

廟

目前追溯起籤詩最早且最完整的資料，所能找到的，是在日本東京淺草寺的籤詩，出自南宋「天竺寺觀音靈籤」。南京城附近的天竺寺，在文革時期，已經被破壞，只剩天竺寺觀音靈籤在日本跟台灣的寺廟裡流存著。

關於籤詩最早的故事，則是五代十國時期，前蜀正與後唐對峙，就在局勢對前者不利之時，前蜀統治者王衍想改變國家即將滅亡的命運，做了一個重大決定——成立宮廷進香團，帶領後宮團隊求神問佛。從道觀到佛寺，從看相到求籤，不管什麼活動，他都帶著後宮的太后太妃們一起參拜。為了預測國運，他親自跑到當時四川最有名的張惡子廟，也就是後來的文昌帝君廟抽籤。

文昌帝君？王衍是緊張到連文昌帝君都跑去拜了嗎？人家管考試的欸！

大家不要誤會，在王衍的時代，那年頭的文昌帝君是未完成版，還叫作張惡子。在四川的方言傳說中，是一位與蛇有關、等同蛇神化身的神明。另一說指出張惡子乃唐玄宗時期（712～756）的官吏。唐僖宗（874～888）於黃巢之亂時逃到四川，竟然碰到已故的張惡子顯靈，協助唐朝皇室逃亡，使張惡子靈驗聲名遠播，並成為四川梓潼的地方神，另有「亞子」的尊稱。

到了宋仁宗時期，政府敕封張惡子為梓潼帝君，後世大眾把他跟東晉的蜀王張育合併為同一人祭祀。又因為後世考生多向其祈禱考試順利，使得梓潼帝君慢慢演變成庇護考生的神明，也就是我們所熟知的文昌帝君；到這裡，我們先整理一下演變過程：蛇神↓張惡子＝梓潼帝君＝張亞子＋張育＝文昌帝君。

扯遠了，回到正題。不管如何，王衍為了國運去廟裡抽籤，得到了「逆天者殃」四字，然後他就被滅了。[1]

這麼悲情的故事就是籤詩最早的故事之一。

1 宋・張唐英，《蜀檮杌》，卷上。

從這個短短的故事裡面，我們可以知道，當時廟裡已提供「抽籤」的服務，無論貴族或平民都可以使用。當時籤詩內容並非現在近似唐詩的四句籤詩，而是以短句或四字為主。

從何時開始，籤詩被人們當成占卜的工具使用呢？沒有人知道。但是從文獻追本溯源，在漢代《說文解字》已經出現籤的存在：「籤，驗也。一曰銳也，貫也。从竹韱聲。」說明古人以竹子製成籤來占卜，瞭解神的旨意，判斷吉或凶，「籤」字指占卜的結果得到應驗，能證實吉凶。所以我們可以知道，古人很早就用抽籤來占卜吉凶，但是當時的籤上未必有文字，可能最晚要到故事裡的五代十國時期，才出現有文字的籤。

五代十國以後，這類神籤開始有了更複雜的形式，宋代釋文瑩《玉壺清話》裡有個故事這麼描述：

宰相盧多遜，生於曹南一地，年幼時，他父親帶他到雲陽的道觀讀書。他和其他小朋友在一座廢棄神壇念書時，發現神壇有一個古籤筒，出於好玩，每人都抽了一支籤測吉凶。盧多遜小朋友表示：我不識字，看不懂。就把籤帶回去給他的父親解讀，上面寫著：「身出中書堂，須因天水白，登仙五十二，終為蓬海客。」他的父親讀了相當高興，認為這兆頭很吉利，於是保存此籤。後來盧多遜果為人相，過後失勢，是因為派遣名為趙白的小官，私下與秦王趙廷美勾結，事發之後，盧多遜逃至南方。當年他正好五十二歲，在朱崖過世，果然與當年籤詩所預言的一字不差。[2]

從這個故事來看，宋代籤詩已經以五言詩形式出現，文字較為文雅，仿唐詩的形式和題材，擺在廟裡作為籤文，給民眾占卜吉凶使用。

2 釋文瑩，《玉壺清話》，參考《筆記小說大觀》二十九編第三冊（台北：新興書局，一九八一），頁1631。

籤詩跟神明降乩有關？

另有一種說法是這些籤詩出自隋唐五代的乩文，也就是「降筆」時得來的。「降筆」就是民間常見的「扶乩」，在扶乩這個儀式當中，先由信徒恭請神明，透過乩身（鸞生）顯靈，乩身被神明附身後，會藉助鸞筆（乩筆）、轎槓、碟子、掃把等工具，在沙盤上寫出神明指示的文字或其他符號，傳達神明意見。當然，因為大家都看不懂神明的文字，所以還需要「副鸞」或讀乩人員，來解讀神明的旨意。

宋代儲泳（1101～1165）的《祛疑說》提到，民間俗稱降乩的方法實在太多了，儀式看起來愈繁複就愈神祕，其筆跡看起來愈簡便就寫得愈快，受其迷惑而盲信的人很多。這其實只是鬼畫符的伎倆而已，因為有人以此謀生，才故意不讓別人知道他們寫的到底是什麼，好以此擔任神明的代言人。

在明代，關於廟宇靈籤的記載更為廣泛，生活各類大小事件，出門考試做生意，生男生女都可以求籤。

明代知名的地理學家、旅遊家，還身兼文學家的徐霞客，一輩子都在旅行。他一生多次遇劫，甚至遭遇過強盜。某次搭船，遭遇劫匪，在情況危急時，徐霞客與同鄉們相繼跳船逃走，最後艾行可罹難，但始終找不到遺體。這趟遭遇盜匪的經驗實在太令人害怕了，導致徐霞客對於後續的旅程猶豫不決：到底是從荊州府走，還是從粵西走呢？又因遇到盜匪，旅費被搶光了！該跟誰借錢，誰會借我呢？從荊州府走，就可以找在荊州府任職的奎之叔叔求借費用了。可是從此地到荊州府城，需要走半個月，萬一發生什麼事情怎麼辦？

徐霞客正猶豫不決的時候，卻聽說同鄉艾行可的遺體竟然找到了！一問之下，原來艾的弟弟去廟宇求籤，依照籤詩所示，在某水潭邊發現了艾行可。徐霞客大徹大悟：既然時事變化不可預知，不如讓神來替我裁決還比較放心！求籤之後，徐霞客得到從粵西走大為吉利的指示，於是他又把要向哪位朋友借錢一事交給神明裁決，結果神明表示：都借不到！[3]這就是人生啊！從此以後，每當徐霞客不知道要往哪裡走的時候，都會求籤交由神明決定。

明英宗正統年間編纂的《正統道藏》，收錄《護國嘉濟江東王靈籤》、《四聖真君靈籤》等更早的籤詩目錄。從目錄來看，當時籤數非常不固定，籤詩的格式也不統一，比較特別是當時已經有梓潼（文昌籤詩）跟城隍籤詩。[4]

《正統道藏》中也提到四聖真君靈籤大約完成於北宋之後，有籤詩四十九條。籤詩格式均為四句七言，下附「聖意」跟釋文。釋文各條分別說明籤意之吉凶禍福，並指示求籤者趨福避禍之法。求籤者需先啟告四聖真君（即天蓬大元帥真君、天猷副元帥真君、翊聖保德真君、真武靈應真君），然後據籤語占問吉凶禍福。

天蓬大元帥真君，讓人聯想到《西遊記》裡面的豬八戒先生。其實天蓬元帥原是北斗七星的星宿神明，被《西遊記》作者套用，導致大家誤解天蓬元帥是豬八戒。根據其他考據，唐宋時期民間曾經流行誦念《天蓬神咒》，認為可以保平安，所以從四聖真君的籤詩裡，也反映了唐宋時期的信仰影響。

名著《紅樓夢》中，也有提到籤詩。第一〇一回寫到王熙鳳病重，常夢見死去的秦可卿，鳳姐為此特地到散花寺做法事。她在寺裡面抽籤時，抽到一支上上大吉籤：

去國離鄉二十年，於今衣錦返家園。
蜂採百花成蜜後，為誰辛苦為誰甜？

---

3 徐霞客，〈湘江遇盜日記〉、〈楚遊日記〉，《徐霞客遊記》。
4 白雲霽，《道藏目錄》，卷四，四庫全書電子版。

行人至。音信遲。訟宜和。婚再議。

而這首籤詩的巧合讓王熙鳳大吃一驚。在第五十四回時，賈母請來的說書人，曾經講過一個鳳求鸞的故事，主角是一位叫王熙鳳的公子，故事內容從他求娶佳人開始，在衣錦還鄉結束。賈家人包括寶玉都認為這籤詩很好，只有薛寶釵認為籤詩似乎另有隱語，後來王熙鳳結局果然是悲劇。

《紅樓夢》知名的特色之一，便是曹雪芹擅長使用隱語及伏筆，暗示主角們往後的命運，在這裡便是用籤詩，影射王熙鳳未來的結局，雖是衣錦還鄉，卻是以殮衣裹體，送返故鄉。籤詩本身則化用唐代羅隱的作品，旨要影射鳳姐機關算盡，一切成空的下場，原詩如下：

不論平地與山尖，無限風光盡被占。
採得百花成蜜後，為誰辛苦為誰甜。

明代之後，由於印刷術和紙張普及，而信眾希望能將神明的建議之語帶回參考，廟方為方便信眾，開始將籤詩號碼寫在籤上，放入竹筒，由信徒徐徐搖出，再對照號碼索取籤詩，籤文則大致簡化為一百支整數，或六十支甲子之數。[5]

近代籤詩除了籤文，還附加了包含八卦卦象、古人故事、吉凶判斷、詢問事項的解析（功名、生意、婚姻等），集合《易經》、歷史典故和民間戲文等各種國學於大成。從這些關於籤詩的記載來看，古人相信，只要人生出現了無法自己決定的狀況，求籤就對了。畢竟，沒人知道到底哪條路才是對的。

5 陳雲，《新不如舊：香港舊事返照》，頁66。

台灣籤詩源遠流長

隨著早年閩南人、客家人、漳州人等各地住民的遷徙，大陸流傳的籤詩隨之來到台灣，沿革變化出許多台灣特有的籤詩，有的只是在原來基礎上變得本土化，有的則融合數種籤詩組合而成的新籤詩。

台南旌忠廟有一套與眾不同的五十六首籤詩，據說是清代乾隆年間僧人所留下，此人原為鄭成功舊屬之後裔，由於密謀反清，因此落髮為僧，隱居於台南市黃蘗寺內。[6]後來借住在旌忠廟，白天不知道在寫什麼東西，晚上就在神案下過夜。

某日，和尚突然不告而別，村民查看他所書寫的內容，全部都是七言絕句的籤詩，而且每首詩都還有字頭，如果按字頭排列就成了——「台灣府諸羅縣北路下茄苳武穆岳聖王靈感籤詩凡爐前弟子及四方信士來問卜當誠心潔淨抽出一支又求金杯為準吉凶禍福明斷有應」。

傳說這位僧人和當時知府是莫逆之交。後來，知府收到命令要緝拿好友。僧人知道此事後，擔心逃亡後會影響知府，於是從容就義。

一般籤詩都是以六十甲子籤為準，算算旌忠廟籤詩字頭，籤詩只有五十六首，少了四首。和尚留言僅作五十六首，留四首給後人填作。至今只補上了兩首，籤首是大吉，籤尾是小喜。

6 事見連橫，〈書黃蘗寺僧〉，《雅堂文集》，卷二。

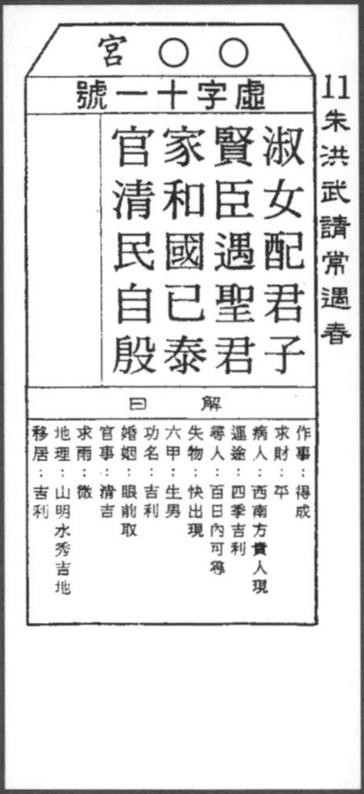

宮 ○○
虛字十一號
淑女配君子
賢臣遇聖君
家和國已泰
官清民自般
11 朱洪武請常遇春
解曰
作事：得成
求財：平
病人：西南方貴人現
運途：四季吉利
尋人：百日內可得
失物：快出現
六甲：生男
功名：吉利
婚姻：眼前取
官事：清吉
求雨：微
地理：山明水秀吉地
移居：吉利

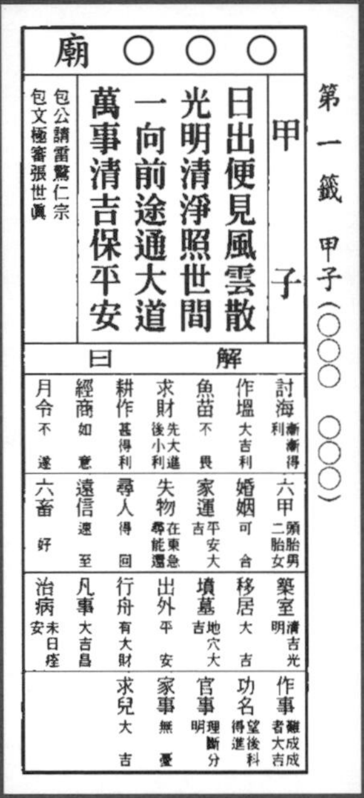

廟 ○○○
甲子
日出便見風雲散
光明清淨照世間
一向前途通大道
萬事清吉保平安
包公請雷驚仁宗
包文極審張世眞
第一籤 甲子（○○○ ○○○）
解曰
討海 漸漸得利
作塭 大吉利
魚苗 不畏
求財 先大進後小利
耕作 甚得利
經商 如意
月令 不遂
六甲 頭胎男二胎女
婚姻 可合
家運 平安大吉
失物 在東急尋能還
尋人 得回
遠信 還至
六畜 好
築室 清吉光明
移居 大吉
墳墓 地穴大吉
出外 平安
行舟 有大財
凡事 大吉昌
治病 未日痊安
作事 難成成者大吉
功名 望後科得進
官事 理斷分明
家事 無憂
求兒 大吉

廣為流傳的「六十甲子籤」每首七言四句；而「二十八星宿籤」每首則是五言四句，不管幾言幾句，只要靈驗就是好籤。

近幾年台灣也有宮廟請人新編特色籤詩，或是對舊有籤詩進行改編，但大抵多仿照唐詩格律為七言四句。基本格式而言，標題多附有廟名、主神名、籤號（或干支）、吉凶等級、籤詩、公案（就是跟籤詩相關的歷史故事，如：「包公請雷驚仁宗，包文極審張世真」，用於釋籤）、解曰（如求兒大吉、經商如意等）或以「東坡解」代替解曰、五行有利的方向及季節。

樣樣齊全的全套籤詩，目前很少見，畢竟籤詩以簡易為主，若太複雜，信眾無法理解，而廟方也無法解析，徒增困擾。

由此來看，無論是由媽祖、關公或土地公所開示的籤詩，都和台灣的多元文化息息相關。

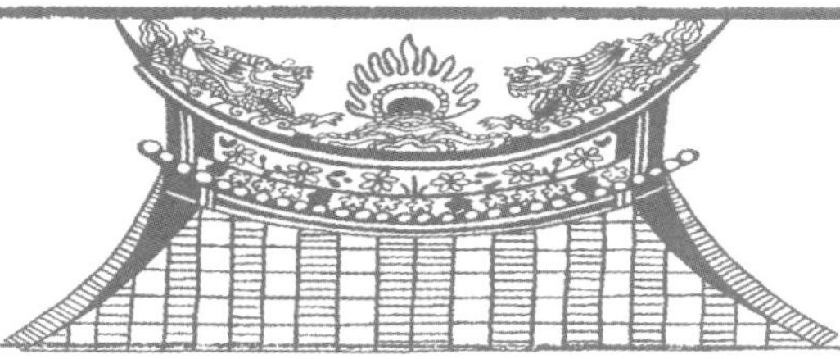

〔貳〕籤詩太多門派，讓人選擇困難

【維芷老師即時秀給您時下最夯的籤詩，您可以依照自己的需求，選擇想求籤的廟宇】

解曰

婚 功 移 求 生 作 月 官

廟

到底哪些廟宇可以求籤呢?能求籤的廟宇，主要供奉的都是能開解眾生疑惑的神佛或地方神靈，像觀世音菩薩、天后、關公、土地公等等。至於彌勒佛、太上老君、玉皇大帝等神明，因為主管業務不同，不負責回答民眾疑惑，所以一般較少見其廟宇裡有籤詩。

特定神明專用的籤詩各有不同，像關聖帝君籤詩、觀音百首籤詩、月老靈籤等。一般較少一神專用，若同樣是城隍廟，採用的籤組卻不盡相同，台北市的省城隍廟是用六十首籤，台中市城隍廟則用一百首籤。廟宇採用籤詩多寡的考慮因素有場地大小、廟方解籤人力，以及是否取得神明的同意等。目前常見的籤組最少者有二十四首，最多者有一百首，中間亦有二十八首及仿天干地支六十首者。

台灣民政局統計過，以新北市為例，各大廟宇最常使用的籤詩前三名是「六十甲子籤」、「雷雨師一百籤」、「觀音一百籤」。至於其他類型的籤詩，依照其功能性質，散布在個別廟宇中，有些籤詩甚至只此一家，別無分號。

以下將會跟大家介紹常見的籤詩種類，並說明其特色。

六十甲子籤詩（媽祖靈籤）

六十甲子籤，全台大部分的土地公廟，甚至也有天公廟（玉皇上帝廟）採用此組籤詩。此籤又稱作「媽祖籤」，因大多數媽祖廟都採用六十甲子籤詩，它因為前人各種添增刪改，可以搭配《易經》、五行、民間傳奇故事，甚或農民曆使用，已經成為目前萬用的籤詩了。

採用六十首籤詩的各寺院宮廟也都會添加「籤首」、「籤王」、「頭籤」等三者之一，組合成六十一首籤詩，所以完整的六十甲子籤實際上共有六十三首。各廟宇因其需求不同，會做個別的修改，使得此籤的亞種非常多元化，讀者若發現在廟宇求得的籤詩，解釋與網路或書籍不同，還是以廟方的籤詩及解釋為主；畢竟，神明是以廟裡的籤詩作為媒介指示信徒，與其他廟宇或解籤人所給出的詮釋無關。至於考證上的錯誤，只怕連神明托夢都無法解決。

澎湖天后宮一百籤詩

台灣一般的媽祖廟都是使用六十首甲子籤詩，但也有少數媽祖廟使用媽祖百首籤詩，此籤詩據說來自澎湖天后宮，民間稱作「澎湖天后宮靈籤」。媽祖百首靈籤當中的詩句，因流傳日久及印刷之故，各版本不一，以各寺廟為主。

※在媽祖廟參拜時，可準備鮮花素果，花以香花為主，還可準備媽祖最愛的茶、糕餅、紅龜粿等供品，請媽祖指點迷津。如果民眾是前往土地公廟參拜求籤時，可備妥土地公喜歡的發粿、麻糬、花生糖、米荖等供品，祈求平安好運。

雷雨師一百籤

此本籤詩，名稱為雷雨師，是因為第一百籤裡面寫著：「我本天仙雷雨師，吉凶禍福我先知。至誠禱祝皆靈應，抽得終籤百事宜。」坊間有云此套籤詩托名為天仙雷雨師的降筆，又或是傳說關聖帝君掌雷雨，因此認為雷雨師是關聖帝君。

但是，事情不是這樣的。如果我們去查明代《正統道藏》收入的《護國嘉濟江東王靈籤》，會發現這根本就是雷雨師籤詩。籤詩後面附有明代知名大臣宋濂所寫的〈贛州聖濟廟靈跡碑〉，詳細介紹籤詩的由來：據說秦朝人石固從漢高祖以來，被民眾視為鎮水之神，在漢到元末明初之間，頻頻展現神蹟，救濟民眾。歷代帝王官吏因為石固頗靈驗，所以建廟奉祀，民間稱呼他為石固大王。南宋寶慶時期（1225～

1227）傅燁寫了《護國嘉濟江東王靈籤》放在廟裡，供民眾占卜使用，每條有七言四句籤詩一首，並附解曰四言，和聖意三言，解答籤文所示吉凶禍福。

雷雨師籤詩普遍為關帝廟、城隍廟所使用，故有人稱它為關帝籤、城隍籤，也可以在其他主神之寺廟見到。雷雨師一百籤雖然普遍常見，但是在民間討論程度不如觀音一百籤或六十甲子籤，主要因為其籤詩附帶的傳奇故事典故較少見，一般民眾不甚熟悉，也無從自行學習所造成。

※ 民眾前往關帝廟參拜求籤時，可準備三杯酒和三杯茶，祈求關聖帝君的保佑來逢凶化吉。

觀音一百籤

第三名的籤詩是「觀音一百籤」，常見於主祀觀音菩薩的佛寺及宮廟。此籤詩之最大特徵，是以河洛語押韻，與唐詩相同。因河洛語是中原黃河流域，河南洛陽一帶的官方語言，如以現代的國語發音，其韻律必失，也失去準確性。

籤詩解析本就困難，因占卜之人的境遇及八字命格又大不相同，故解析要觀其當時狀況或占卜何事而定。[7]

※民眾參拜時可準備清水、鮮花及素果，祈求菩薩保佑平安，賜籤解疑惑。

7 余全雄，《觀世音菩薩百首靈籤解》，台南：大正書局，二〇一〇。

保生大帝六十籤

保生大帝廟宇最為有名的籤詩原來是藥籤，但一九九九年衛生署明文規定禁止使用藥籤。要在保生大帝處問事，似乎沒有常用的特定籤詩。但仍有特別為保生大帝編撰的六十首籤詩，其中另附籤王，總計六十一籤，稱作保生大帝六十籤。

台北保安宮跟新北市樹林區濟安宮（主祀保生大帝）是採用此套六十首籤詩，坊間近年來另有一套保生大帝籤詩是六十六首，目前為台中元保宮使用。

※ 信眾可以準備時令水果及餅乾當祭品。

漢詩一百

日本抽取籤詩的習俗由中國傳入，起源於南宋時期的天竺靈籤。室町時代傳入日本後，在鎌倉時代與日本天台宗的元三大師[8]崇拜信仰結合，最初在日本關西廣為流傳，江戶時代流傳到關東地區。日本神社跟佛寺使用籤詩不同，佛寺體系是一套百首籤詩，此套籤詩通稱「漢詩一百」或作「元三大師百御籤」，日本諸多佛寺均採用。最為知名的使用寺廟為東京淺草觀音寺。此套籤詩特別之處在於解籤時，籤解比籤詩本身重要。而據說在淺草觀音寺抽籤，抽到凶籤比率頗高，若是十分介意的讀者，抽籤前請慎思。

※ **在日本寺廟抽籤需要付費，請記得攜帶零錢。**

8 此指日本天台宗的元三大師（良源），傳聞中他化身為鬼，驅除疫病神，通稱「厄除大師」。

孔明大易神數又稱「諸葛神數」或「諸葛神算」，民間相傳是諸葛孔明所作的籤詩，共有三百八十四籤。一般籤詩的定義是四句為一組，本套籤詩架構與一般籤詩略有不同，或有說法它其實是降筆（降乩）得來。

此套籤詩的由來，在某版本中序言提及：

> 是書係舊時抄本，紙皆破碎，乃遠代之遺傳。世不多覯，相傳為漢諸葛武侯所作，共有三百八十四籤，按三百八十四爻。其中句法，長短不一，寓意深遠，變化無窮，判斷吉凶，如應斯響，較之金錢馬前等數，實有霄壤之別。余什襲珍藏，視同拱壁。今友人有家庭圖書集成之輯，內有藝術彙編一篇，搜輯豐富，多為真傳祕本。該主人再三以書付梓相商，因想禍福吉凶，人所共有，先賢傳授此書，以指人迷惑，故未敢自祕，謹錄一通，詳加校對，搜殘補缺，以供同好。惟願占者

誠心禱告，無不靈驗如神，慎勿以兒戲為之，致損此書之價值也。

此序文，遍查資料，無從考證其來處。但文字古樸，猜測成文於民國時期。從籤詩內容來看，有出於魏晉南北朝的典故，如第九十九籤「打起平生志，西南好去遊，腰纏十萬貫，騎鶴上揚州」[9]。但像是第三百二十六籤「書中有女顏如玉，書中自有黃金屋，讀盡五車書，志願自能足，何心焦勞，心中忙碌。」其中「書中有女顏如玉，書中自有黃金屋」典故出自宋真宗〈勸學篇〉：「富家不用買良田，書中自有千鍾粟；安居不必架高堂，書中自有黃金屋；娶妻莫恨無良媒，書中自有顏如玉。」諸葛孔明本人當然是無法預測宋真宗的詩文，我們可得知這籤詩是後人穿鑿附會而成，最早成書年代應該是於宋之後。

---

9 南朝梁人殷芸〈吳蜀人〉記載：有幾個人在聚會時，談論各自的人生志願，有人說「願為揚州刺史」，有人說「願多貲財」，還有人說「願騎鶴上昇」，其實就是當官、發財、成仙。在前面三人說完後，最後一人說出他的志願是：「腰纏十萬貫，騎鶴上揚州。」也就是帶著很多的財富，成仙駕鶴，前往揚州就任刺史，這把前面幾人的願望都包含進去了，希望能三者兼得。此後「腰纏萬貫」這句成語便用來比喻財富極多。另外，從這個故事中還衍生出「腰纏騎鶴」、「騎鶴揚州」等成語，都是用來比喻做官、發財、成仙等富貴得意之事。

孔明籤詩原先使用者不多，但近幾年由於出現以孔明籤詩線上解籤的網站，引起熱烈反應，成為目前知名籤詩之一。

※ 求籤者必須抽三支籤，再依《易經》的六十四卦及每卦的六個變爻求取籤詩，籤詩及求籤方式都相當特別，個別寺廟略有不同，詳情可細問廟方。

金錢卦三十二籤

金錢卦原指古代使用龜甲算命，可得到《易經》卦象指示，但是現代龜甲不易取得，直接使用手邊的銅幣來投擲，取得方便。此套籤詩可以採用錢幣來卜卦，但是籤詩數目只有三十二籤，並未完全符合《易經》的卦數，大概是刪改後，能方便當事者簡易占卜。籤詩內容比起其他籤詩要通俗得多，目前只有少數宮廟採用此籤詩，像是知名的烘爐地（南山福德宮），也許是因為易懂的關係，民間有烘爐地籤詩極為靈驗的說法。

坊間三十二籤詩版本很多，常有錯字情形發生，籤詩號碼順序也有差異。如果自行上網查詢籤解的時候，要注意一下籤詩內容，因為字句有不一樣，解釋也會不同。

呂仙祖籤詩

呂洞賓是傳說中的八仙之一[10]，北宋時期他的故事開始在民間流傳，是位十分喜歡度化信徒的神仙，尤其喜歡Cosplay。根據記載，他扮演過預言家、賣藥郎中、修鞋匠、乞丐、製墨者、製香者、磨鏡工等職業人員，因此也是各行業祭祀神明的神，比

10 其他七仙是漢鍾離、藍采和、韓湘子、曹國舅、張果老、李鐵拐和何仙姑，關於八仙最有名的就是八仙各顯神通過海的故事，坊間版本眾多，大致是八仙為西王母娘娘祝壽，以及八仙渡東海的故事，顯示八仙在民間受歡迎的程度。

如：雷神、武神、財神、醫療之神、文具之神、淘金之神、礦業之神、理髮之神[11]、斬桃花之神[12]……。

有趣的是，呂洞賓的故事眾多，照理來說，卦頭故事應該要多使用八仙故事，或是呂洞賓點化凡人的神蹟，但是在整套六十一張籤詩（含籤王）裡面，只有籤王是「呂先祖下凡塵」，及戊寅籤是「呂祖度何仙姑」而已，其他反而以戲曲故事居多。其次是押韻的問題，本套籤詩很多地方都沒有押韻，像是己丑籤「陳杏元和番」：

杏元良玉兩分開
出塞和番何日回
幸得神仙來指引
鴛鴦復合慶和諧

但也有部分籤詩按照押韻格式，非常完整。如乙亥籤「宋仁宗認母」：

明月庭中滿室光
桂花獨占百花香
心中若信真因果
最好燒香達上蒼

唐詩規則中：第一句可押可不押韻，第二跟第四句有押韻，第三句不押韻。本首籤詩就有押「光」、「香」、「蒼」三字，而「果」沒有押韻。

據我觀察，這套籤詩跟其他籤詩相比，更易於理解。在沒有押韻的籤詩裡面，可

11 有說是明朝皇帝朱元璋頭上生瘡，理髮師不小心碰到，就會被殺。呂洞賓為了拯救無辜的理髮師們，便下凡前去為明太祖理髮，還治好了惡瘡。明太祖要賞他金銀財寶，但他卻只要求明太祖賜他一面紅旗，插在理髮店門口，從此便被尊為理髮業的守護神。

12 關於斬桃花之神，以前有一種說法，就是如果情侶拜訪供奉呂洞賓仙師的指南宮，會慘遭被拆散。所以很多情侶不會去指南宮祭拜，廟方為此表示：「只有不是正緣的、不適合的情侶會被拆散，是正緣的沒關係。」

以感覺到文辭不假雕飾，十分通俗；有押韻的籤詩則文辭較優美，運用一些特別的詞彙。整套籤詩基本上風格一致，可能是由不同的人一起合作完成這套籤詩。

——另有「月老靈籤」、「藥籤」，後以專章介紹。

解籤的校正

依據前文所述，讀者們可以發現，籤詩系統因為流傳年代久遠，傳抄時的遺漏，造成同一系統的籤詩，仍會出現不同的字句。像是六十甲子籤詩的排序，基本上都是一樣的，但是也有籤號排序有所差異的狀況。所以求籤人如果不打算帶籤詩回家，切記不能只記號碼，就回家查網路，還是先在現場核對一下籤文比較保險。

坊間籤詩各種小誤差也不少，比如說，籤詩解釋裡面提到六甲有「子媳」，原意應為有「子息」。但可能是傳抄錯誤，變成媳婦的媳，雖然解釋上也通，但總令人感到違和。或者，在寺廟後續修訂時，有廟宇為了避免抽中者焦慮不安，會將籤詩部分文字做些許修改。大致上，同一系統的籤詩內容差異很小，但是籤詩下方的解析差異頗大，常有解釋相反的情形，這是因為解籤各有看法，有時內容背離詩文，建議參考即可，不必完全採信。

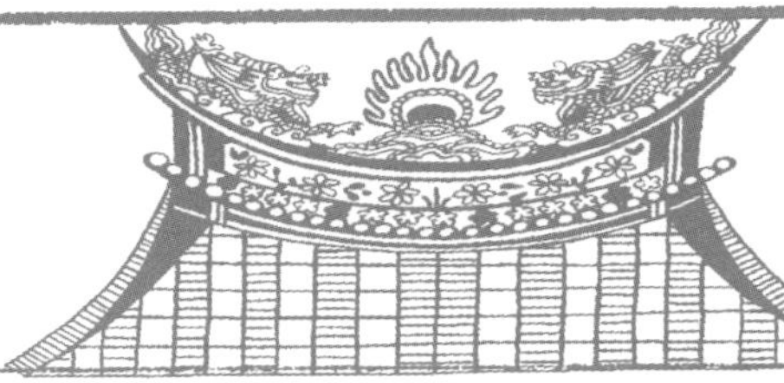

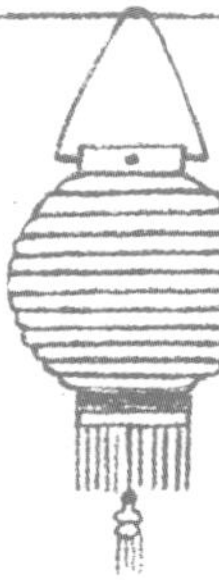

〔參〕

籤詩典故知不知？
神祕資訊超乎你的想像

【抽到功名無望別害怕，神明只是提醒你要用功了！】

解曰

婚 功 移 求 生 作 月 官

廟

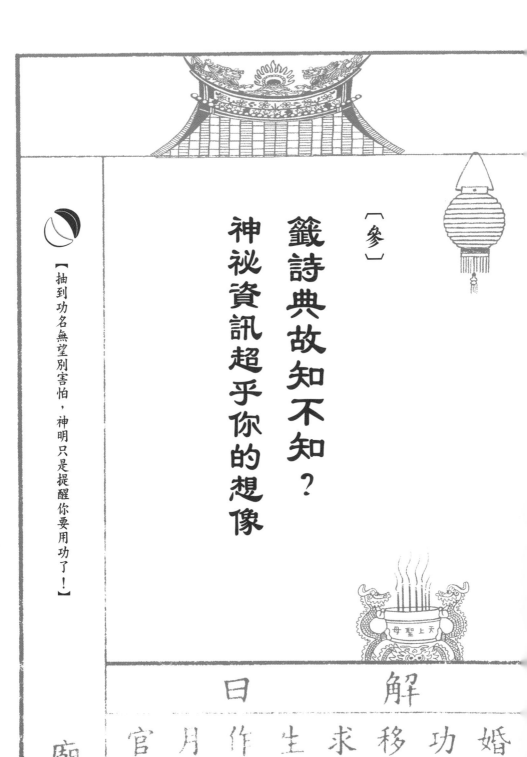

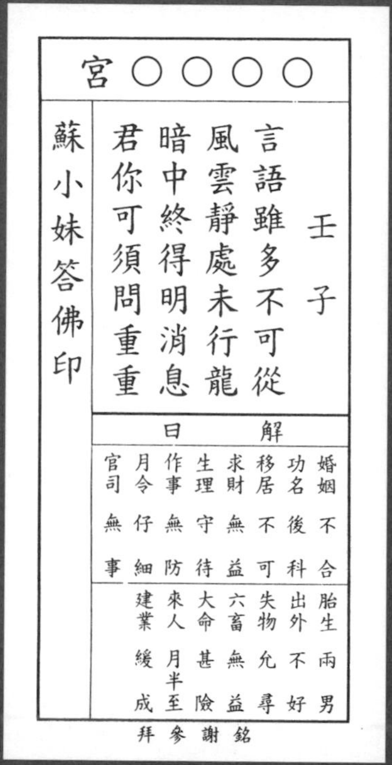

○○○○宮

壬子

言語雖多不可從
風雲靜處未行龍
暗中終得明消息
君你可須問重重

蘇小妹答佛印

解曰

婚姻不合
功名後科
移居不可
求財無益
生理守待
作事無防
月令仔細
官司無事

胎生兩男
出外不好
失物允尋
六畜無益
大命甚險
來人月半至
建業緩成

銘謝參拜

六十甲子籤第四十九首籤解：功名欄顯示「後科」。
抽到這張，考生當場就跪了。

每年考試旺季，學子們都會來求取神明旨意。但是他們最害怕看到「後科」（今年銘謝惠顧，下次加油）、「功名無望」等籤解，這對考生來說，真是重大的打擊。我有學生就曾經直言，如果抽到這種籤，他真的會讀不下去。對了，也有學生根本不想念書，抽到後科竟覺得既然時間還有這麼長（？），為何不先休息一下呢？馬上放飛自我，盡情享樂。

這實在太讓人困擾了，畢竟滿多籤詩裡面都有提到「後科」等相關字眼，真的是這樣解釋嗎？查了許久，發現更驚奇的事情。有解籤書竟然把解曰部分的「功名欄」直接刪掉，或是完全不解釋功名那欄，直接改用卦頭故事來解釋考試結果。好吧，我可以理解，畢竟考生心靈很脆弱的，需要好好保護。

我認識一位辭去工作參加國家考試的學生。他努力不懈把自己關在家裡日夜苦讀。參考書寫了一本又一本，手都長繭了。在這樣破釜沉舟、全心投入的情形下，他在考前去廟裡拜拜求籤，抽到六十甲子籤詩第二十六首：

選出牡丹第一枝
勸君折取莫遲疑
世間若問相知處
萬事逢春正及時

學生非常高興，因為籤詩寫著第一，就是第一名的意思對吧？相信會考得很好。可是，下面的詩文他就看不懂了。

我覺得同學你這樣真的沒有問題嗎？於是趁機給他加上一堂國文課。

牡丹，號稱「花中之王」，因為花朵碩大喜氣，綻放百朵、千朵連綿不絕，所以古人將它視為富貴的象徵，它高雅、尊貴，也象徵幸福。（古人想法其實很簡單，就是壕！）

清代李汝珍《鏡花緣》，有這樣一段故事：武則天把唐的國號改為大周，成為中

國歷史上第一位女皇帝。在某年冬天，武則天和上官婉兒在御花園開趴喝酒，看到花園裡一片荒蕪，武則天帶著一股霸王（醉鬼）之氣下令：「明天朕將會駕臨御花園，所有的花都得給我連夜開放，明早我就要看到花開，不然就放火燒掉所有的花！」百花們覺得唉啊人家怕怕，這阿婆好兇！如果不開花，萬一被燒掉了怎麼辦？於是百花精靈們連夜下凡冒著寒氣開放，只有牡丹花覺得老娘是百花之王，妳憑什麼命令我？老娘跟妳拚了，拒絕開花。武則天宿醉醒來，發現只有牡丹花抗旨不遵，於是下令將首都長安城所有的牡丹花連根拔起，流放到東都洛陽。

真夠霸氣，女人的戰爭好可怕。這就是牡丹花的故事，難怪牡丹花能成為花中之王。

第二個問題是籤解下面的功名欄寫著「朱衣點頭」，這是什麼意思呢？

朱衣神，是祀文昌帝君的祠廟中必有的神。又稱朱衣夫子、朱衣神君、朱衣星君、朱衣聖君，又做朱衣帝君，是道教主管文運的「五文昌」神靈之一，相傳此神著「朱衣」

戊寅籤　屬土利在四季宜其四方　范丹洗浴遇賢妻

選出牡丹第一枝
勸君折取莫遲疑
世間若問相知處
萬事逢春正及時

第二十六籤（●○●　●○●）

◎解曰

買男兒	平平	求財	有
出外	平平	大命	不畏
作事	春成好	失物	尋有
六甲	生男貴氣	功名	朱衣點頭
歲君	順吉	婚姻	好
官事	必和	求雨	必到
年冬	好收	來人	月光到
移居	吉		

六十甲子籤第二十六首籤解：功名欄顯示「朱衣點頭」
── 在朱衣神君面前，你一定要低頭，因為祂有不讓你考上的自由！

（紅衣），能細辨文章的優劣。朱衣神與文昌帝君、魁斗星君、孚佑帝君、文衡聖帝，合稱「五文昌」。同受士人學子尊奉。

關於「朱衣神君」是誰，說法很多。一說為朱熹，另一說是古代專門掌管祭典的官員，稱為「朱衣」。

朱衣，就是紅色衣服，原本古代高官顯貴使用朱紅色，所以有「朱門酒肉臭，路有凍死骨」一說。古代中舉或進士者，都要參加祭孔大典。此時在前方引領新科進士們入場祭拜的主祭官員，需穿著紅衣，表示地位超然，因此成為讀書人祭拜的對象。

另有一說，「朱衣」與「朱熹」音近，好事人以為朱衣神為理學家朱熹，甚至有廟宇直接將朱衣夫子神位改為朱熹夫子或紫陽夫子（朱熹號紫陽），如艋舺龍山寺。此外，也有認為關帝君是朱衣神轉世化身。如民間流傳的《桃園明聖經》所記載：「吾（關帝君）乃紫微宮裡朱衣神，協管文昌武曲星。」

不過關於這朱衣，北宋有個有趣的傳說，話說歐陽修在擔任科舉主考官閱卷時，隱約看到有一位身穿紅衣者站在身旁，跟著自己一起閱卷。歐陽修發現，每當紅衣人點頭，當下改的這份卷子必定是篇好文。後來歐陽修就寫了一首詩：「文章自古無憑據，惟願朱衣暗點頭」。民間則認為紅衣人是掌管科舉的神明，所以歐陽修才會看到紅衣人，據說「朱衣點頭」的典故就是出自於此。

升學自古以來是自我價值實現的主要途徑之一。求籤者更盼望家裡的兒孫們能夠順利地讀初中升高中上大學，這些心態無不反映在籤詩中。

寺廟籤詩中，常有部分籤詩是專門寫給讀書人的：「寒窗苦此切莫強，正是兒孫立業時，只近八月秋風動，定在牡丹第一枝」，勉勵當事人努力學習，金榜中舉。

另一首則是「勤讀苦學月有期，勸君何必兩相疑，此事必然登金榜，一朝升到鳳凰池」，對於莘莘學子們，隱隱給予一種鼓勵。

所以學生問我，求籤祈禱時，心裡到底要跟誰祈求呢？我說，還是好好用功吧，有用功，不管哪位神明都會保佑你。

咦，有讀者問我最後這學生考得如何？噢，這學生最後考到那個科目的全台前三名，果然用功才是王道。

籤詩潛藏的謎語1：析字

綜上所述，籤詩當中隱藏很多典故，數量之多可以寫一本台灣版的《達文西密碼》了，簡單舉例，比如雷雨師第七十一籤：

喜鵲簷前報好音
知君千里欲歸心
繡幃重結鴛鴦帶
葉落霜飛寒色侵

將籤詩中的「千里」組合起來，就是一個「重」字。倘若當事人問的是婚姻或愛情，就有重新復合的意思。

孔明籤詩第二十三首：

喜　喜　春風生桃李
不用強憂煎　明月人千里

明月是團圓的象徵，千里是重逢的意思，如果問感情，也有復合之意。

再比如像孔明籤詩第三百五十三籤，也暗藏一個字謎：

兩人在旁　太陽在上
照汝一寸心　仙機曾否明

這是一個標準的字謎。兩人在旁，指的是「彳」旁，太陽照汝一寸心，取此句的「日」跟「一寸」，三個合起來就是「得」字，也就是獲得或允許。所以解籤人可以按照當事人的情況，解釋這籤有獲得的意思。

坊間有人使用宋代邵雍（邵康節）的拆字法訣竅來解釋此籤詩，提到「得」字的意義時，是這樣表示的：

得來間日下　寧免帶勾陳
凡事未分付　行人信不真

這就需要把其他的概念拿來一起解釋，勾陳，是六神之一，五行屬土。「得」字右上部為「日」，日是火而缺少土，由於土生火所以需要土元素來補足，所以要找屬土的人幫忙。籤詩的意思就變成：事情在近日會明朗，求籤人不要相信那些南來北往的過客，這件事馬上會有結局，也不會繼續拖延下去。

籤詩潛藏的謎語2：嵌字文

常見的保生大帝籤詩一般都是六十籤，元保宮的保生大帝籤詩是六十六首，而且這個籤詩裡面含有不少謎語，大家來猜猜看是什麼意思？

保生大帝六十六首靈籤

頭籤	求得籤頭大吉利 添油添香添貴兒 人有善願天降福 君家門戶皆如意
第一籤	真金經火煉千回 此物原是七寶魁 惟有良工成大器 流傳萬古不沉埋
第二籤	君臣千載一朝逢 雲龍風虎雨相從 好看孤忠扶社稷 巍巍一柱直擎空
第三籤	真是真非不可欺 此心惟有鬼神知 一輪明月清無底 自有雲開雨散時
第四籤	君思千里任遨遊 動用經營盡自由 福祿生來皆注定 勸君得意便宜休
第五籤	除戒精誠禮貌容 金爐一炷好香濃 災如雲雨隨時散 禍若塵埃掃地空
第六籤	邪徑崎嶇行路難 好登舟楫渡前灘 雖有巨浪相驚駭 倏忽終朝達故山
第七籤	斬斷妖精正道開 誰知魔鬼又重來 清燈一點飛蛾滅 卻向爐中覓死灰
第八籤	瘟癀毒氣靄如雲 一鬼纔呼百鬼聞 廣結善緣收善果 神明為爾護家門
第九籤	行役匆匆任去程 所求心事自豐盈 縱有訛言來破壞 也須終始有完成

第十籤	第十一籤	第十二籤	第十三籤	第十四籤	第十五籤
符水救人人不信 又無情意訪醫家 自將惡業遮身眼 莫道陰光不佑他	咒咀千般欲害人 豈知正直有神明 不見觀音經裡說 咒咀原來及本身	水遠山遙去不歸 佳人悵望守空幃 一輪明月圓又缺 之子于歸賦式微	普天星宿大光輝 善惡人心禍福基 命裡有求終須有 看看枯木會生枝	濟川雖急無舟楫 大廈將成少棟樑 雖有天時無地利 勸君端坐細思量	萬桂叢中第一枝 勸君折取莫遲疑 割烹版築登台輔 富貴榮華自有時

第十六籤	第十七籤	第十八籤	第十九籤	第二十籤	第二十一籤
民樂昇平共喜歡 大田多稼粟如拳 南蠻北狄多珍寶 不去求名亦得官	罡魁煞氣黑旗揚 天神遊遍鎮北方 但見魔頭遙指處 齋壇受戒喜非常	步入羊腸過險坑 病軀沉重未蘇生 若遇鼠猴能過得 渾如久雨喜初晴	正好中秋月一輪 十分光彩照乾坤 無端卻被西來雨 多少人家半掩門	氣味當時正好求 信他言語便宜休 惹得胸中萬斛愁 只因牛鼠爭先後	永夜沉沉人寂靜 銀河西沒眾星稀 須臾雞唱三更徹 回首東方已吐輝

第二十二籤	第二十三籤	第二十四籤	第二十五籤	第二十六籤	第二十七籤
斷盡爐灰豈復燃 枉勞心力求神仙 騎龍駕鶴歸天去 井邑逍遙非昔年	禍不厭禳禳自滅 福不厭作作自生 早晚誠心修善果 自然家宅保康寧	根已枯焦再長芽 磨成白玉又無瑕 誠心自有誠心報 莫待當前酒債賒	威鳳翱翔鸚鵡喚 祥雲飄渺天花散 寶蓮座上放光明 直到此時方可看	光明蠟燭當風烈 螢火飛蛾來附熱 但因貪得眼前花 不知性命隨煙滅	烜日何曾照覆盆 如今且在暗中存 不久貴人提扶起 賀君再睹得乾坤

第二十八籤	第二十九籤	第三十籤	第三十一籤	第三十二籤	第三十三籤
赫赫名聲到日邊 皇恩一日喜三遷 如今直上青雲去 滾滾公侯世代傳	顯幽之理一般同 終有誠心便感通 不用煎湯並煎藥 一杯清水有奇功	號令生平有異聲 誰遣將軍不進兵 但見進前休退后 天威到處不留停	增減欺瞞世務多 天眼開時怎奈何 眼前事事皆如意 百般計較終難遂	封書欲達意中心 雁斷魚沉未有音 此去三山應不遠 茫茫阻隔世間塵	香案梳頭待玉皇 誠心一念與天通 但願始終堅此節 自然福祿永無窮

第三十四籤

火裡生蓮世所稀　鐵船過海遇風時
可憐天下蒼生眼　不識公候未遇時

第三十五籤

廟裡燒香禱祝祈　園中納履卻生疑
不如閉口深藏舌　只此方能免是非

第三十六籤

食餘須用收盂鉢　莫作流連吐不回
歸去急時閉牖戶　他日口舌復重來

第三十七籤

夙駕摧裝趕路行　許多機會在前程
若我行時不知變　安得他人莫與爭

第三十八籤

夜行把火中途滅　寂靜人家門半徹
敲門打戶喚他來　無火誰能吹得熱

第三十九籤

虔誠稽首向蒼天　天庭高高不可攀
臨到渴時方掘井　工夫未盡力先殫

第四十籤

恭惟恭養恩難報　好嘆如今盡孝誠
莫道他時方有悔　看看風燭幾時停

第四十一籤

萬層梯級正崔巍　上到嶺頭喚不歸
一朝墜落深坑底　方悔當時不早回

第四十二籤

靈籤告爾爾當知　莫把心腸盡靠伊
他是蛇心並虎口　要將骨肉去充饑

第四十三籤

有人相愛饋蒸豚　滿望周旋福厚恩
皆人及手相呑咳　官法如爐不赦君

第四十四籤

禱爾神祇求稱遂　若去爭光皆得意
東西南北俱吉利　勸君得意便宜休

第四十五籤

咸池洗出日東方　影到中天萬國同
此去三山應不遠　安排閭里近天光

第四十六籤	沐出麒麟妙色身　老君抱送麒麟兒 仙女獻花龍吐水　牟尼頂上一珠星
第四十七籤	神道無言自有靈　人言雖巧卻無憑 百般巧計終難遂　空使凡夫仰望情
第四十八籤	功成行滿去朝天　卻遣雷司造化權 沛澤為霖蘇旱歲　要將人物保安全
第四十九籤	誦得黃庭數百言　一盃清水滿爐香 風草連天波浪闊　坐看江海變成田
第五十籤	吾身本是同胎出　何必相爭分骨肉 人生未足何時足　不如兩下各休已
第五十一籤	神仙指出神仙宅　世上凡人皆不識 青龍守護百餘年　先到之人方可得

第五十二籤	咒得蟲兒已離房　抱成鴨子出房籠 非吾族類心中異　用盡工夫總是空
第五十三籤	蕩蕩茫茫何處尋　遍求田野入山林 力不負人人負力　見而不取亦勞心
第五十四籤	滌盡淘沙始見金　白頭方始遇知音 太公八十成家業　只恐人人不用心
第五十五籤	群鳥相呼日又西　各從安分託身棲 人從生處求安樂　何必之秦又適齊
第五十六籤	凶人終日為不善　他是獸心假人面 不知天網甚恢恢　勸君急急回頭轉
第五十七籤	急躡雲梯步月宮　嫦娥許我折枝郎 騎鯨變化登踏去　乘龍走馬合天罡

籤	籤詩
第五十八籤	急雲風雲日暮天　絲綸之下莫行船 潮來水滿魚難覓　好脫簑衣月下眠
第五十九籤	如花色艷正新鮮　粉蝶黃蜂盡日穿 不覺東風吹散去　丹青依舊似去年
第六十籤	律管吹灰春復秋　烏飛兔走勢難留 勸君合並勤耰種　淡酒圍棋遣歲憂
第六十一籤	令行到手莫推辭　自歌自舞自徘徊 雞鳴相聞消息近　姻緣夙世不須媒
第六十二籤	保佑黃金數百兩　心中要買又無錢 不見觀音經裡說　空即是色色是空
第六十三籤	生得人身吾體全　但存平直無私曲 廣結善緣收善果　天地分明注福田
第六十四籤	大海終須納細流　高山起得白雲收 飛來飛去無蹤跡　不知飛去在何州
第六十五籤	帝德光明齊日月　祥雲繚繞遍乾坤 利益蒼生無以報　朝暮禮拜謝皇恩
第六十六籤	敕賜嚴威威可畏　必然邪魔如粉碎 三清大道放光明　一點塵埃無掛礙

（表格出處：依照台中元保宮官網製作）

大家猜到了嗎？

這套籤詩其實是藏頭籤詩，將頭籤跳過，取各首籤詩的第一個字組合起來，即是保生大帝神咒：

真君真君　除邪斬瘟　行符咒水　普濟萬民　罡步正氣　永斷禍根
威光烜赫　顯號增封　香火廟食　夙夜虔恭　萬靈有禱　咸沐神功
誦吾神咒　蕩滌群凶　急急如律令　保生大帝敕

據說保生大帝神咒有除邪治病的靈驗效果，因此暗嵌在籤詩當中，也是保佑信眾健康的意思。

藏頭詩是源自古代的特色詩，把各句的第一個字或詞串起來，用來表達弦外之音。知名的預言書《推背圖》就用類似的寫法來表達其預言：

讖曰：

日月當空　照臨下土

撲朔迷離　不文亦武

頌曰：

參遍空王色相空　一朝重入帝王宮

遺枝撥盡根猶在　喔喔晨雞孰是雄

首先，《推背圖》作者假托這書是唐代知名算命家李淳風、袁天罡合著，清代金聖歎註解，表示唐初兩位大師做過一個預言，日月當空，照臨下土，指的是武曌（音照，武則天自取的名字）會成為女皇帝，牝雞司晨。一般認為此書是民國時期偽作，不太可能是初唐作品。但是用日月空組成「曌」，就是藏頭詩的寫法。

在古典戲曲及小說，也常見到作者以藏頭詩作為未來劇情的伏筆與巧思，像是《水滸傳》中「吳用智賺玉麒麟」，故事大意如下。

當時盧俊義是一位武藝高強的豪傑，人稱「河北玉麒麟」，梁山泊的頭頭宋江，聽聞盧俊義俠名，仰慕他已久，一心想招取他上山當第一把交椅，共圖大業，替天行道。可惜盧俊義人長得帥有錢有勢，吃穿不愁，傻瓜才要造反，要拉他上梁山泊談何容易。

梁山泊的軍師「智多星」吳用便假扮成算命先生，利用盧俊義對算命的畏懼，哄騙盧俊義有難，為了讓盧相信算命先生不是金光黨，吳用表示要給盧四句卦歌，讓他寫在家裡牆上，將來才能驗證吳用說的是真是假：

蘆花叢中一扁舟
俊傑俄從此地遊
義士若能知此理
反躬難逃可無憂

讓盧俊義沒料到的是，卦歌的藏頭字正好是「盧俊義反」四字，後來被人廣為傳播（當然也可能是吳用讓人大肆傳播的），成了盧俊義謀反的證據，還被官兵到他家證實了確有此詩，事已至此，有口說不清的盧俊義也只能揮淚上梁山了。

現代詩文裡面也有隱題詩，詩人洛夫曾寫過一首詩贈送給太太：

〈給瓊芳〉

妳兜著一裙子的鮮花從樹林中悄悄走來
是準備去赴春天的約會？
我則面如敗葉，髮若秋草
唯年輪仍緊繞著妳不停地旋轉
一如往昔，安靜地守著歲月的成熟
的確我已感知
愛的果實，無聲而甜美

據說洛夫先生在結婚三十週年的日子寫下此詩，只為了寫出那句「妳是我唯一的愛」，送給他的妻子瓊芳女士。

所以籤詩中有設計者的巧思，就像密碼符號一樣，等待有緣人破解。

籤詩潛藏的謎語3：自然動植物的象徵

動植物的特性，常在文學中被運用為象徵、借代或譬喻，例如：岳飛在〈良馬對〉裡用馬作為賢才的譬喻；蟬則是因為居高處，食露水，故象徵高潔。籤詩是來自神明的訊息，也會有神明的使者來傳遞，暗示當事人未來命運的走向。最常出現的動物象徵當然是十二生肖，我將籤詩做了統計，大致得出如下結果：

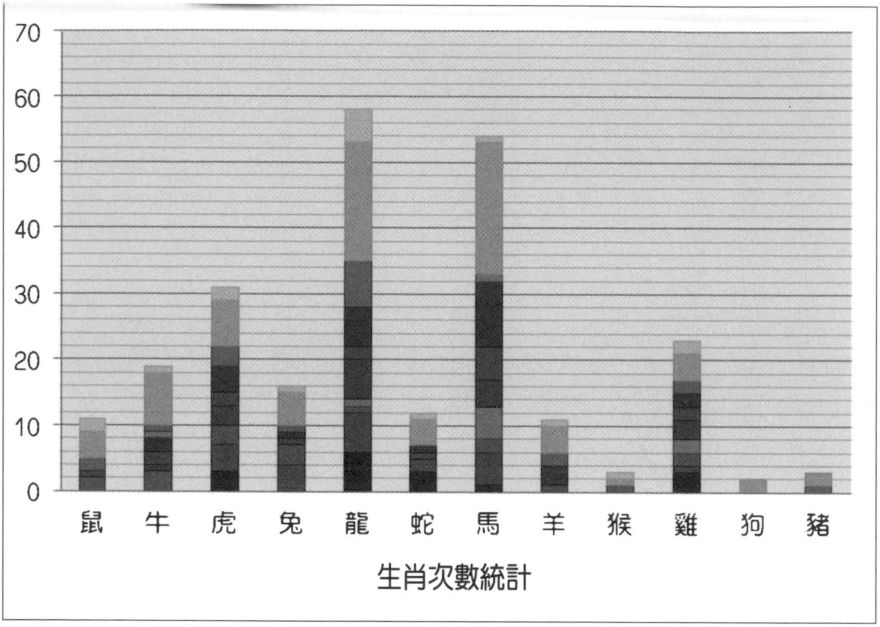
70
60
50
40
30
20
10
0
鼠
牛
虎
兔
龍
蛇
馬
羊
猴
雞
狗
豬
生肖次數統計

此資料採用六十甲子籤、觀音一百籤、雷雨師一百籤、保生大帝系列籤、澎湖天后宮一百籤、東京淺草觀音寺一百籤、黃大仙算命靈籤、龍鳳宮月老祠籤詩、台中樂成宮月老籤詩、彰化南瑤宮籤詩、澎湖北寮保安宮籤詩、西湖月下老人籤詩、諸葛神算籤詩，共十四套籤詩統計而成。

以十二生肖來說，最常見的動物是虎、龍、馬三種。龍馬出現的次數超過五十次，主要是龍代表發達、成功、升天；馬代表前途，向前衝。

猴、狗、豬則出現次數最少，在中文裡面這三個生肖的相關成語意義都不是那麼好，比如豬朋狗友、豬狗不如之類的。

蛇放在籤詩裡比較特別，因為蛇的特性較為複雜。有時蛇被認為是需要警戒的對象，因為蛇有毒性，被咬會導致死亡，讓古人對蛇充滿恐懼感。但是因為蛇的體型跟龍很相似，古代也有認為蛇可以化身成龍，或者叫蛇為小龍。在籤詩裡面，龍跟蛇常擺放在一起，比如六十甲子籤第十七籤：

舊恨重重未改為
家中禍患不臨身
須當謹防宜作福
龍蛇交會得和合

或是蛇虎擺在一起，像是淺草觀音寺第七十四籤：

蛇虎正交羅　牛生二尾多
交歲方成慶　上下不能和

不然就是蛇代表暗算，像是觀音籤第三十籤：

勸君切莫向他求
似鶴飛來暗箭投
若去採薪蛇伏草
恐遭毒手也堪憂

在這首籤詩中，蛇在草叢中潛伏，代表危機。
有的蛇類意象並不是在籤詩本身，六十甲子籤第五十七籤：

勸君把定心莫虛
前途清吉得運時
到底中間無大事
又遇神仙守安居

抽到這首籤詩，代表當事人跟土地公有關，最好要去拜一下土地公，因為這首籤詩的卦頭故事是「白蛇精遇許漢文」[13]。

台灣鄉間傳說，蛇跟土地公有關聯，大致有幾種說法：

一、**土地公負責管理蛇**

蛇為不祥之物，如果夢見蛇恐怕會招致厄運，而蛇龜之類的皆為土地公所管，因此要向土地公祈福，求土地公保平安。

二、**蛇是土地公的化身**

道教傳說，夢境中的蛇可能是土地公的化身，或土地公指派的使者。也有傳說是土地公代表地方上的財神或福神，所以夢到蛇表示將要發財，若夢中被蛇咬到，更代表會有大財運降臨，所以要準備供品到土地公廟祭拜；亦有一說夢到蛇，代表土地公有所指示或警示，所以要到土地公廟祭拜。

三、**蛇是土地公的手下**

蛇是土地公的「兵、將」，不得任意殺害。

四、草腹鏈蛇是土地公女兒的化身

早期務農的人若是發現草腹鏈蛇通常都不會打死，說是這樣會觸怒土地公。所以抽到某些籤詩就得去拜土地公，祈求土地公保佑。

十二生肖除了本身動物的意象，也可以代表當事人跟相關人士的生肖。又或是可以直接代表天干地支，一天有十二個時辰：子、丑、寅、卯、辰、巳、午、未、申、酉、戌、亥，可對應十二生肖，亦可表示事情發生的時日或月分，給予求籤的人一個明確的時間點。

13 這故事是杭州許仙在西湖，遇到白蛇化身的白素貞借傘，兩人譜出一段情緣的故事。

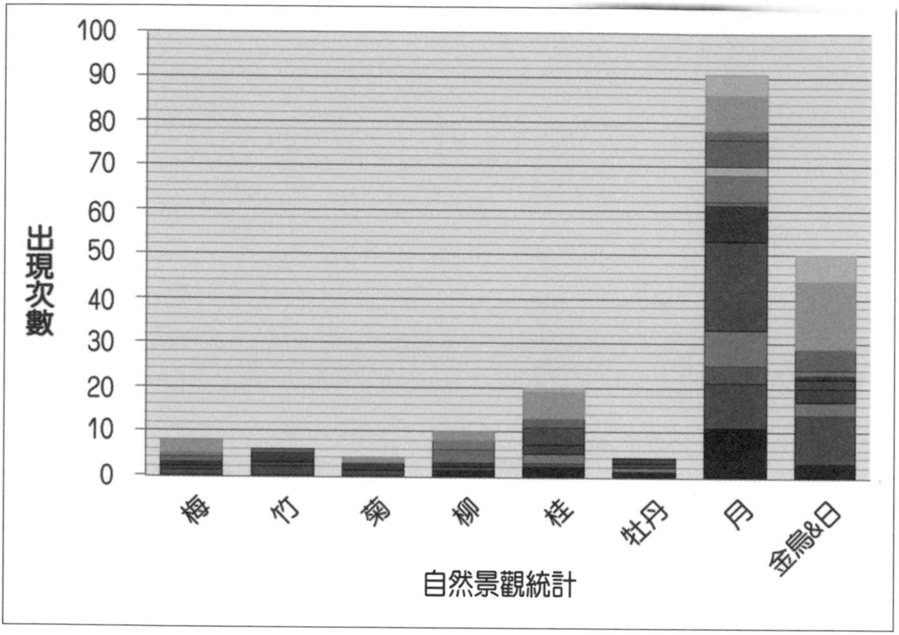

出現次數
100
90
80
70
60
50
40
30
20
10
0
梅
竹
菊
柳
桂
牡丹
月
金烏&日
自然景觀統計

桂

桂，通「貴」的發音，所以也象徵富貴，如同金黃色桂花所散發的香氣，有十分美好的含意。唐代筆記小說《酉陽雜俎》提到漢朝吳剛，學仙時因為不遵守規範，被罰在月中伐桂，但這棵桂樹高達五百丈，生命力旺盛，一砍隨即癒合。吳剛持續不停地砍，始終無法砍倒它。千萬年過去了，桂樹仍然屹立不搖。每到中秋，吳剛才稍事休息，不然天天砍都爆肝啦！因為吳剛伐桂的故事，所以月亮又有個浪漫的別名叫桂宮。

晉武帝泰始年間，吏部尚書崔洪舉薦郤詵，後來郤詵當到雍州刺史，晉武帝問郤詵如何評價自己，他說：「我舉發賢能的策略，是天下第一，就像月宮裡的一段桂枝，崑崙山上的一塊寶玉。」晉武帝大笑，並且嘉獎他。唐代以後，科舉制度盛行，科舉初試都在秋天，便稱秋試及第的人，為折桂。又有傳說月亮中有蟾蜍，這隻蟾蜍就是月亮的元神，於是把登科中舉叫作登蟾宮，「蟾宮折桂」便用來比喻科舉及第。

像是唐代詩人白居易跟堂兄弟們感情很好，他自己先考上進士，後來堂弟白敏中也以第三名進士及第，白居易便寫詩祝賀他：「折桂一枝先許我，穿楊三葉盡驚人。」折桂便成為古時候中國人們仕途得志、飛黃騰達的代名詞。

這就是為什麼常常見到公務機關或是學校花圃種植桂樹，我小時候也感到疑惑，校長室外面要種這麼多桂樹做什麼呀？原來是祈求升官啊！

回到解籤來說，如果民眾問的並不是前程問題，籤詩中提到桂樹，還有別的象徵嗎？

當然有，這個典故就是貴子（桂子），古代有用丹桂表示優秀人才的意思。五代時，曾經有位帥哥竇儀，他的學問淵博，風度清雅而有威儀。四個弟弟也都相繼登科。文士馮道與這五個人的父親竇禹鈞平素交好，曾經寫詩送給竇禹鈞，其中兩句「靈椿一株老，丹桂五枝芳」，此後有人稱讚竇家五子為「竇氏五龍」。根據這個典故，後人稱讚父親教子有方法，個個成材，叫「竇家丹桂」、「靈椿丹桂」或「仙桂靈椿」。[14]

用這樣的說法，我們就可以用桂樹代表生子，來解釋某些籤詩的意向了，首先來看孔明籤詩第一〇五籤：

月中有丹桂　人終攀不著
雲梯足下生　此際好落腳

如果是問生子的問題，因為丹桂象徵生男孩，攀不著丹桂但卻另有著落，那就是仍有孩子，為女性。

保生大帝第十五籤：

一輪明月照千家
銀漢澄清望眼斜

14《宋史・竇儀傳》：「（竇）儀學問優博，風度峻整。弟儼、侃、偁、僖，皆相繼登科。馮道與（竇）禹鈞有舊，嘗贈詩，有『靈椿一株老，丹桂五枝芳』之名，縉紳多諷誦之，當時號為竇氏五龍。」

丹桂分枝長葉在
纖纖雲翳謾相遮

籤解說這是有孕生男，就是類似的意思。

上述動植物大多象徵高貴、發達、晉升等，寫籤詩的人要能給予求籤者美好的願景，也要能鼓舞人積極向上，於是用這些動植物表達吉祥的意象。而且籤詩經常需要暗示時間或是相關人事，使用大家所熟知的動植物，能同時顧及詩的意象以及時間的暗喻，方便求籤者剝絲抽繭分析籤詩背後的深意。

〔肆〕解籤人的祕密：我和神明有暗號

【解籤人可以當神明代理人，但無法當神明的連帶保證人】

解　日

婚　功　移　求　生　作　月　官

廟

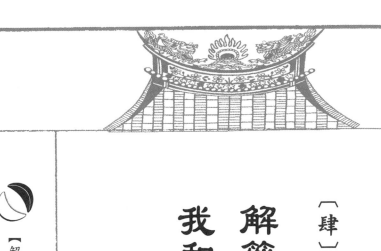

大部分廟宇雖然有擺放籤詩，但礙於廟方人力設置的關係，通常由廟方人員或是志工兼任解籤人員；也有的廟宇無人負責解籤，直接將解籤本給民眾參閱。對解籤人來說，熟知籤詩只是基本，更重要的是善解。因為當事人是那麼徬徨地前來尋求廟宇的協助，總不能讓需要協助的信眾充滿更多的惶恐或是疑惑回家。

籤詩藉著詩文當中的物象以譬喻當事人的情形。台灣目前最為普遍的籤組有六十甲子與百首籤詩，它們的籤首（標題）都出自於古早歌仔戲故事，解籤人必須瞭解這些故事的過程和背景，依據信眾在不同的人、事、時、地、物背景下抽得的籤，再依據個人經驗替信眾解籤。雖然籤詩相同，但解釋都會不同，主要還是得經由解籤員的理解和判斷，依據信眾抽到籤的當下來解籤。

但是籤詩的難易度也有不同，六十甲子的籤詩淺顯易懂、接近白話，百首籤詩偏純文言文，所以一般土地公廟均使用六十甲子籤詩為主，這樣解籤者只需看籤詩表面上的意思來翻譯即可，甚至抽到的民眾也看得懂內文。然而六十甲子籤詩說簡單似乎很簡單，卻也難懂，原因是籤詩中暗含陰陽五行術數作為籤詩編纂的基礎，主要還是《易經》卜卦，光是六十四卦或是六爻變化就十分難懂。

如果考慮五行術數或《易經》的話，解籤就不能單純解釋詩文內容，六十甲子有季節月令，故事典故五行相生相剋，也有說要懂六十甲子的納音[15]。

每一首籤詩都有對應的周易卦象，比如六十甲子籤詩第十四首卦象「丙寅」在《周易》解釋中，屬於山澤損卦（○●●●○○），此卦還暗示了春吉、夏吉、秋吉、冬凶等義涵，所以解籤時還要配合所求之事的發生時間。

15 十天干與十二地支按順序兩兩相配，從甲子到癸亥，共六十個組合，故稱六十甲子。六十甲子中，任何一個天干與地支的組合，都有一個新的五行——即納音相對應，也就是說運用納音將籤詩或是人的生辰八字重新按照陰陽五行作分類。

此外，解籤者要瞭解籤詩中的典故，還有五行季節旺令、刑沖剋，也要考慮抽籤的當事人生肖，抽籤當天的天干地支。由此可知，天時、地利、人和都要算入，算出相生相剋才行。這樣準確性才高，才不會理解錯誤。要考慮這麼多層面，這也就是籤詩易懂難精的原因了。

相較於學術層面，更重要的是有無真正解決當事人的困境。某次我看到一位神色驚慌的太太，在廟裡詢問求籤，結果她一抽中「下下」籤當場崩潰大哭，原來因為其孩子發生車禍，狀況堪慮。可是當廟裡的解籤人幫她詳細參閱籤詩之後，發現事情並非全無轉機；於是廟方教她向神明祈求，擲筊請神明幫忙，她最後獲得神明允諾，求得廟裡的符水帶回。正當我心裡有點擔憂喝符水的重金屬問題云云，解籤人員表示只需蘸符水在當事人嘴角邊就好，我才鬆了一口氣。

解籤人也是與時俱進，要有變通之法，不管是儀式、藥籤、符水等，都要跟隨現代的方式做新的變更。像是籤詩，也不可以死板地完全按照字面意義解釋，背後有其典故、來源，若直接翻譯，容易誤會其中的內涵，有些地方要按照現代的情形來解析。畢竟籤詩中有些跟現代狀況不合，就需要解籤人依據狀況分析，而不是硬要照古代方式解讀。

比如尋人，當事人想要找尋失蹤的孩童，可能是孩子見網友時被拐走，那就必須對網路生態有一定瞭解，或是知道有網路警察，幫助當事人尋求協助。各廟宇有區域性不同，所以解籤人員的工作負荷跟要求也不同。像是行天宮解籤人員平均一天要解一百多支籤，但是在屏東最大的東隆宮，則平均一天解二十至三十支籤，所遇到的問題也不完全相同。位在沿海地區的廟宇，當地以漁業生活為主，解籤人就必須對海事相當熟悉，才能體會在地人的煩惱。

有時，信眾表達籤詩不靈驗，對於解籤人來說，難免思考著是否當事人在敘述事情時沒有表達清楚。他們有時得像偵探一樣，抽絲剝繭，理解事件全貌。解籤人也需要提醒當事人：對方以為不要緊的資訊，是否忽略了哪些關鍵，又或是要說明當事人機緣未到，目前難以解析。

在這樣的情況下，解籤人長期在廟宇裡服務，對於人生的看法自有其邏輯。

多數解籤人表示自己最擔憂的是，生怕誤解神明旨意，影響信眾命運或是讓對方心緒不佳，造成不當影響，內心會很沉重。所以，盡量都會從籤詩中找出轉圜的餘地，希望給當事人有正向能量。

但也有解籤人認為因為神明是透過解籤人給予當事人意見，他們解籤的當下，一切都是神明旨意，不需擔心。而某些解籤人的靈感能力可以給予民眾更多的指引。

饒富趣味的是，何謂靈感？指平常我們說的通靈嗎？

台灣目前解籤的體系大約有四種方法：一、字面解，二、典故解，三、形勢解，四、靈感解。

靈感解就是用通靈來解籤，但是每次我一問，幾乎沒有解籤人願意公開承認自己有通靈能力，有人表示聽過這種說法，但是沒遇過；有的人則說他們知道某知名的解籤人其實是通靈解；也有人表示解籤的時候靠第六感，然而這應該是神明讓解籤人想到的事情，並非通靈。但是解籤人或多或少能講述一些神奇的故事，以致於我聽了之後總是懷有敬畏之情。

解籤的經驗讓一派解籤人員認為上天有給予人們選擇的餘地，假設現下有數條路可以選擇，神明會藉由籤詩來提醒大家選擇適合的路，而非選擇當中最不好的方向，就像《了凡四訓》那樣，人們可以改變既定的命運，有所選擇。

有一派解籤人員比較偏向命定論，認為人生諸事已定，在出生一開始，家庭天性已經造成，要改變命運非常難。必須在無數次抉擇中，改變自己，否則無法脫離原定軌道。且人們前來詢問時，事情大多已經無從改變，但儘管如此，籤詩仍會傳達神明的安慰，使人們知道還有神明可以依靠，不至於無所適從。

招募解籤人：精通解籤、高道德標準

有鑑於早年良莠不齊的解籤狀況，現代許多廟宇開始重視解籤人的培育，採用類似師徒制度的培訓方式（大甲鎮瀾宮、鹿港天后宮），或是集體培訓（台北行天宮）。各間廟宇對於同一套籤詩的解釋可能會不同，會因為廟宇儀式或是所在地區，而產生變化。

南部部分廟宇在傳承上，認為信眾抽到某些籤詩時，需要做相關儀式以解運，或是會給予信眾平安符、符水帶回，這跟廟方提供的儀式服務有關。但是在北部，就很少提供符水或符咒。

對於培訓解籤人員的要求，關於解籤的人需要有什麼資格嗎？各廟宇也有所不同，像是行天宮重視解籤人員對歷史典故及宗教哲理的瞭解，他們必須根據各種新資訊旁徵博引，還要能心理輔導，為信眾找尋問題解決之道。但是我所問到的廟宇，要求解籤人員很重要的一點，是必須具備同理心，也就是慈悲之心；不然當解籤人無法感同身受信眾的困擾，又如何能有所體悟？

當徵求到解籤人之後，接下來要受訓。解籤人必須將市面上或是宮廟提供的籤詩本解釋熟讀，並且跟廟方的資深人員學習。當然大多數廟宇礙於人力或是地區限制，都是由廟方耆老口耳相傳教導學習。他們也許學歷不高，卻充滿了人生智慧。或許，懂不懂《易經》或陰陽五行也不完全是重點，而是懂得當事人的狀況，說進當事人的內心，才是善解。

這些廟方資深的解籤人，除了負責教導新一代的解籤人，完成傳承之外，還有一個重要任務，就是在每一年年初，抽國運籤的時候，廟方都會派出資深解籤人來替民眾解國運籤。大家如果注意觀察的話，就會發現這些資深解籤人其實就是廟裡解籤人員中的師傅。

替神明捉刀代筆的籤詩編撰者

歐美有一句俗諺：「一千個讀者眼裡，會有一千個哈姆雷特。」這句話套用在籤詩解釋上一點都沒錯。即使相同版本的籤詩，也會有個別不同的解釋，有些籤詩的意思可能一目瞭然，但也有讓人百思不解的時候。每當這時我總是十分希望，能直接採訪到設計籤詩的作者，問他們設計此籤詩原意究竟為何？但是籤詩的作者們大都早已作古，除非穿越，不然那些不解的疑惑，就只能自行解釋，或是成為不解之謎了。

我幸運地訪問到某套月老籤詩的製作者莊先生[16]，讓我理解了製作籤詩的心路歷程。話說莊先生因為自身的信仰，長年在廟宇做志工服務，因為常幫信徒解籤的緣故，開始研究廟宇裡面擺放的解籤本，除了蒐羅籤詩相關書籍之外，還四處尋訪耆老，以求解答不明之處。

但是，近年來版權意識抬頭，許多作者希望廟宇能撤下所公開擺放的解籤書籍，避免影響當事人著作權。全台不少廟宇已經撤下解籤書，或是連同籤詩筒一起收起來。莊先生於是自己寫了一套六十籤詩的籤解，給他所服務的廟宇使用。

這間廟宇其主神是媽祖，香火鼎盛，因為求籤人潮眾多，導致求籤隊伍冗長。此廟宇有月老，跟媽祖一起祭祀很久了，廟方在幫信眾解籤時發現非常多人慕名而來，求籤問姻緣。當然，媽祖的六十甲子籤也可以問婚姻，借給月老使用沒問題。不過，

16 本處依莊先生意願，省略其名。

廟方經過考慮，如果信眾的問題固定的話，月老有自己一套籤詩，將業務分開，可以專門針對信眾的問題處理，不是比較好嗎？

再者，擺放籤詩也產生一個問題，廟方是要另外擺一套六十甲子籤詩在月老那邊呢，還是單純幫月老另外特設一套跟姻緣與婚姻有關的籤詩？廟方擲筊問了媽祖以及月老的意見之後，神明表示要另外幫月老弄一套籤詩來使用。廟方認為莊先生對籤詩有所研究，於是商請莊先生來編撰新籤詩。

莊先生的思維，一開始是想：籤詩一定是要跟婚姻或愛情有關，所以他先從西湖月老的所有籤詩來思考。

祭祀月老的廟都知道，最早的月老籤詩是西湖月老百首籤詩，但因為年代久遠，有考證的問題且籤詩型態混亂。籤詩裡面有一個單字成句的，或者是一句、兩句、長句、短句組成的，甚至有時候寫得大家都看不懂，可能無法解決信眾的問題。

即使把原來西湖的籤詩，從百首刪改成也許三十首或六十首其實也不好用，對於不是很會解籤的人來說滿難懂的。如果是廟方或者是信眾自己來解讀的話，恐仍會造成困擾或誤解。

莊先生想西湖的月老籤詩可能也不夠使用，於是他參照全台所有籤詩裡面，跟婚姻有關的部分，先全部整理出來，重新編成標準籤詩模式的詩句。編輯的時候還要思考很多事情，譬如說籤詩的吉凶分配問題。所以他的配籤比率是，分上中下三等的話，上籤占三十，中間的話是四十，下面的占三十，這樣子就比較合一般社會上會遭遇的情況。

那麼籤詩到底要多少首呢？六十首還是百首？如果考量到算命術數的因素，可以選擇跟《易經》八卦有關的數字。如果是專指討論愛情跟就婚姻的話，也許直接三十首或四十首既夠信眾使用，也足以表達絕大多數婚姻情況。不過一切還是以神明旨意為主，擲筊詢問之後，神明表示三十首即可。

月老尊神靈籤

第四十首

緣份：難以如願
婚姻：阻礙在前

欲去長江水闊茫　行船把定未遭風
戶內用心再作福　看看魚水得相逢

意解：你很想要有所行動，可是卻要面對許多的難題，內心裡不免感到茫然。尤其每當展開行動了，卻總是不順利，可是又無貴人可以幫忙，真的覺得是既失望又難過。如今運不逢時，那麼就再深耕福田，等時來運轉，再看有無好的機會。

月老尊神靈籤

第五首

緣份：掌握良機
婚姻：恩愛終生

雲開月出正分明　不須進退向前程
姻緣皆由天註定　和合清吉萬事成

意解：過去在姻緣路上或許不太順遂，但如今陰霾逐漸消散，有否極泰來之勢，所以不須躊躇不前，應該敞開心胸去追求幸福。天註姻緣，終將讓你遇到合適的對象，一切可馬到成功。夫妻懂得知福惜緣，婚姻便可和合和諧，吉祥如意。

台中某知名媽祖廟內的月老尊神靈籤共有四十首；其中又以第五首籤詩最熱門，信眾時常抽到此籤，看來月老鼓勵大家要積極一點，努力擺脫單身的命運。

一開始編了三十首左右的籤詩，但是莊先生對其中的幾首不是那麼滿意，擔心也許有對神明來說是不合用的籤詩，所以他想多做幾首備用，給神明選擇，於是最後編了四十首，以便讓神明刪改。

在擲筊選擇籤詩的時候，神明一開始都有給聖杯，後來就沒有給筊了，一直旨意不明。廟方怎麼問都問不出來，靈光一現，就說那四十首可不可以，結果竟然是三聖杯。本來先問媽祖，因為媽祖是主神，接下來問月老可不可以，結果用四十首也是三聖杯，於是決定四十首籤詩。

現在，這套籤詩已經使用數年，頗受信眾歡迎。

密碼

〔伍〕深不可測的頭籤

解曰

婚姻　功名　移居　求財　生理　作事　月令　官司

廟

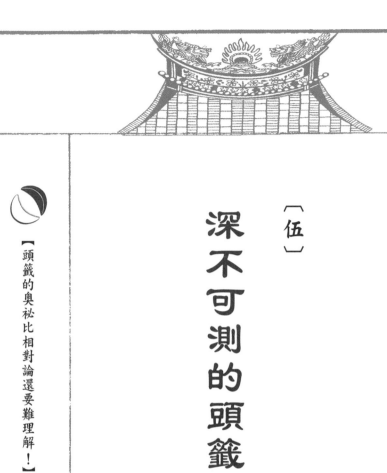

阿宅朋友遇上疑惑難解的生命課題，在廟宇香火氤氳中，虔誠跪拜祈求神明，雖然他沒告訴我祈求什麼，但一個阿宅在想什麼，也很容易猜到。他接受我的建議求籤，抽到了籤詩編號第一支籤，也就是籤王，朋友非常開心，認為抽中籤王就像中大樂透一樣，萬事大吉，所以他一定交得到女朋友！

籤王真的都是好籤嗎？

關於這個問題，要先瞭解什麼是籤王。籤王的定義並不那麼絕對。一般所說籤王是整套籤詩中的第一支籤，但是在目前各種版本的籤詩當中，有些籤詩的籤王是附加上去的，也就是全套籤詩之外，籤筒中多出一支平安大吉的籤，叫作「頭籤」或是「籤首」，或兩張都加。如果抽到這支籤，必須到功德箱添油香後，再繼續抽籤。

抽到籤王的人通常是兩種狀況：一種是運勢最好的人，他們常做善事，累積很多功德，神明賜籤王讓他氣勢如虹；另一種則是近來運勢不佳的人，神明賜籤王鼓勵他逢凶化吉、消災解厄！頭籤與籤首，跟籤王意義是一樣的，這兩支籤相當於撲克牌中的鬼牌，不過是樂透版鬼牌，例如下面的六十甲子籤詩的幾個版本頭籤跟籤首內容是這樣的——

版本一：六十甲子籤「頭籤」

籤頭百事良
添油大吉昌
萬般皆如意
富貴福壽長

此張頭籤表示祝福之意，拿到這支籤暗示百事皆成，所以神明讓問卜者添個香油錢意思意思即可。若問卜者仍覺得疑惑沒有獲得解決，可以再抽一張籤詢問。有的廟宇認為抽到這張籤之後，還必須再抽一張，因為此籤類似平安符性質，不等於跟信徒解釋清楚疑難問題，所以還需再抽。這張頭籤可以收起來當護符使用，至於要不要過爐，則視廟方規定。

六十甲子籤「籤首」：

來意欲求天上福
誠心須點佛前燈
名利兩全皆大吉
平安酬謝油三斤

「解曰」

百事皆吉　求財大利　耕作大收　經商有利　家運平安　運途好　功名有望　婚姻可成

這張籤首則是跟普通籤詩一樣有解說部分。籤詩內容是說神明已經知道問卜者來意，問卜者要求大吉大利，還要在神明面前誠心行善。籤詩裡面提到的佛前燈，意指光明，也指佛前點燈供養功德，所以信眾既求保佑，也要增添香油錢，答謝神明賜籤保佑。

版本二：六十甲子「籤王」

六十甲子加一枝
未來求問神先知
添丁添油增福壽
富貴榮華必佑汝

這版本的開頭表明這支籤是附加的特籤，神明早已預知問卜者會來，而問卜者是獲得神明保佑的幸運兒，同樣是添些香油意思意思，將來必定有榮華富貴。另一支六十甲子籤王也是類似涵義：

任祈所求皆大吉

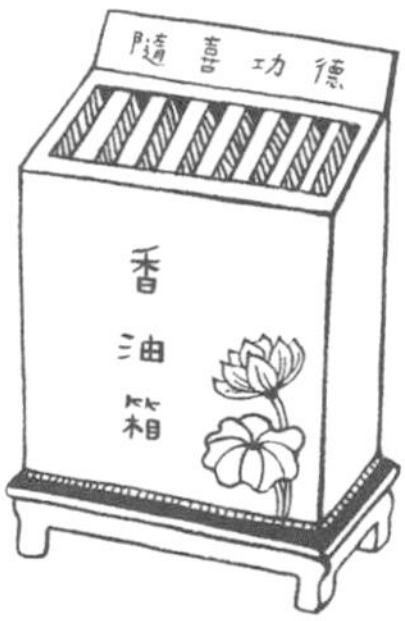

一向前途振輝騰
求得籤王萬事成
添油三斤點佛燈

六十甲子籤詩，籤王、籤首都在前面。但是「靈籤一百」當中籤王是最後一支，也就是第一〇一支籤，所以未必籤王在最前面。不過，頭籤跟籤王仍然放在第一籤前面居多，而最後一支籤另稱作籤尾。

台灣寺廟增添籤王的狀況到底是從什麼時候開始？

明代《正統道藏》都沒有記載籤頭或籤尾的存在，民國初年容肇祖調查過在廣州附近的籤詩系統，也沒有記錄有頭籤。而現今的頭籤跟古籤詩比起來，文字簡易多了，也容易理解，再從這些外加的籤看文藝創作水平，與原籤詩作者有一大段的差距。

如果我們從《正統道藏》收入的《護國嘉濟江東王靈籤》（雷雨師籤詩），會發現明代時期收入的籤詩只有一百首，並沒有現代雷雨師的頭籤：「求得籤王百事良，萬事如意大吉昌。宜加力作行方便，可保福壽永安康。」由此可知，頭籤是後人加入，至少在明代以後才出現。

至於為何要增添頭籤，應該是因商業社會興盛，信徒日益增加，寺廟眾多。寺廟為了募集財源，添加籤首（稱籤王）及籤尾，索討供物，如好香、紅燭、鞭炮、仙油（即植物油）等。信徒若是能添香油錢，讓寺廟供奉神明，則能五子登科，有錢有車有房子。當然信眾抽到屬於大吉大利的籤首籤尾，本來也會慷慨解囊，期望萬事如意。

但也因為抽到籤王習俗上必須要添香油錢，有的廟宇因此不附籤王，避免信眾增加負擔，畢竟籤詩是服務之用，而信眾添香油錢則是隨喜即可，若是抽到籤王即要添錢，便失去神明助人之原意。

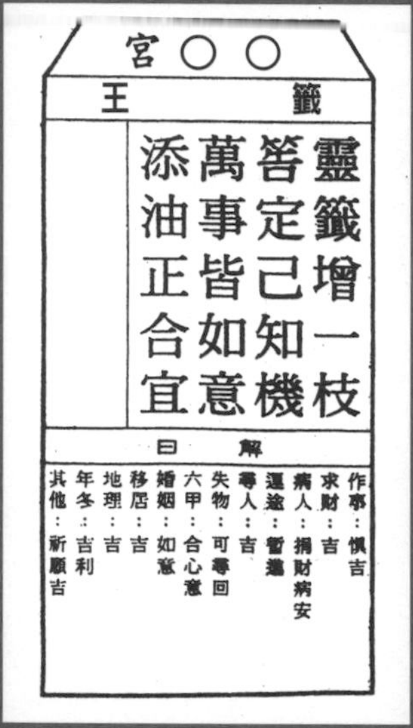

○○宮

籤王

靈籤增一枝
筶定已知機
萬事皆如意
添油正合宜

解曰

作事：慎吉
求財：吉
病人：損財病安
運途：暫進
尋人：吉
失物：可尋回
六甲：合心意
婚姻：如意
移居：吉
地理：吉
年冬：吉利
其他：新願吉

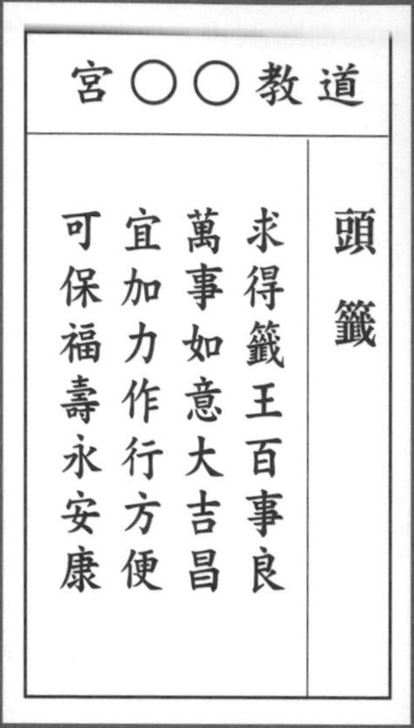

道教○○宮

頭籤

求得籤王百事良
萬事如意大吉昌
宜加力作行方便
可保福壽永安康

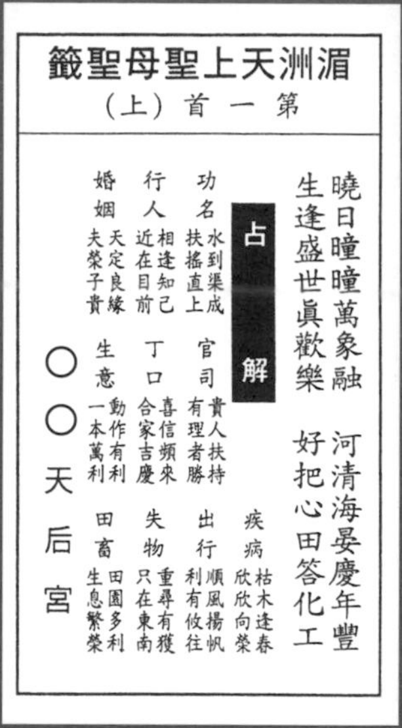

湄洲天上聖母聖籤

第一首(上)

曉日瞳瞳萬象融
生逢盛世眞歡樂
河清海晏慶年豐
好把心田答化工

占解

功名 水到渠成 扶搖直上
行人 相逢知己 近在目前
婚姻 天定良緣 夫榮子貴
官司 貴人扶持 有理者勝
丁口 喜信頻來 合家吉慶
生意 動作有利 一本萬利
疾病 枯木逢春 欣欣向榮
出行 順風揚帆 利有攸往
失物 重尋有獲 只在東南
田畜 田園多利 生息繁榮

○○天后宮

不同版本的「頭籤」與「籤王」籤詩。各種籤詩中的第一首通常都被標示為上上籤。

不要太早給頭籤下結論

籤首通常被認為是上上籤，擁有美好的意象，比如澎湖天后宮的第一首籤詩：

曉日曈曈萬象融
河清海晏慶年豐
生逢盛世真歡樂
好把心田答化工

這首籤詩講述破曉時的太陽，綻放著光芒，世間萬物都和樂融融。這是一個政治清明、天下太平的一年，剛好誕生在這個盛世，多麼令人開心，要好好做人，實踐理想，答謝天地創造化育我們的功勞。

此籤詩有開展人生的意味，非常正向光明，但不是每支第一籤解釋都如此，像黃大仙籤詩第一籤：

靈籤求得第一枝
龍虎風雲際會時
一旦凌霄揚自樂
任君來往赴瑤池

這支標示為「上上」籤，但並不是事事吉祥。因為這首詩的對應故事是《封神演義》裡面的姜太公封相。姜子牙（又名太公望）三十二歲跟元始天尊學藝，但是卻沒有仙緣，只好在七十二歲時下山，本來以為可以闖蕩江湖做一番大事業，誰知懷才不遇；跟著朋友宋異人做生意數次倒閉，賣麵被人弄翻，賣點心竟變餿了，諸事不順，老婆也跑了，只好隱居等待。直到八十多歲，才被文王發掘，最後封相。問卜者是要做生意的話，會像是姜太公自己做生意，沒有一行成功；這並非沒有才幹，而是姜太公一生注定大器晚成，因此問婚姻、問事業，都是很後面才會成功。

這支籤剛好跟六十甲子籤的第十五籤詩文相對：

八十原來是太公
看看晚景遇文王
目下緊事休相問
勸君且守待運通

再來看孔明籤詩頭籤：

天門一掛榜　預定奪標人
馬嘶芳草地　秋高聽鹿鳴

本詩寓意良好，意思是遙遠的天堂大門上，掛著金榜，而求籤者的名字，已然預定在上。脫穎而出，獨占鰲頭。求籤者騎著駿馬在碧草如茵的原野奔馳，遠方傳來慶祝中舉的鹿鳴宴上的樂聲，好不得意。秋高氣爽的季節裡，祝賀問卜者成功。說明這一切都是預定好了，合於上天的旨意。

孔明籤詩的籤王，意象非常之好，但是歷來占卜者常解籤錯誤，有將「秋高聽鹿鳴」翻譯成：秋高氣爽的季節裡，傳來一陣陣小鹿的鳴叫，宛如陣陣樂曲，歡快而又動聽，似乎在祝賀問卜者大成功。這很明顯是解籤人文化素養不足，不知文史典故所造成的。

籤詩中提到鹿，鹿是古代吉祥動物，用以暗示「祿」。在古代繪畫或屏風，常有鹿的畫面，便是祝賀人有祿位。但是在籤詩裡，並不是指真的鹿，而是指「鹿鳴宴」。

話說唐代州縣一級的考試稱為解試，得中者稱鄉貢，亦稱舉人。古代考中科舉，等同於未來奔向祿位。唐代州縣長官為慶祝鄉試學子們考上，便會賜宴祝賀。宴席中唱吟《詩經‧小雅‧鹿鳴》：「呦呦鹿鳴，食野之苹。我有嘉賓，鼓瑟吹笙……」因而取名鹿鳴宴，有讚美新科進士將成為國之棟梁之意。

此宴設於鄉試放榜隔日，由地方官吏主持，除了宴請新科舉子之外，還有考場工作人員，等同於慶功宴。明清兩代沿襲唐例，清代鹿鳴宴更為隆重，宴會由省內巡撫所主持，除了宴請考官之外，還會跳魁星舞，相當於今日的謝師宴。

台大校園裡也有一棟建築被稱為「鹿鳴堂」，一樓是美食餐廳，除了邀請眾人分享美食，也有恭賀考生金榜題名、鵬程萬里之意。

坊間解籤典籍或網站，都可發現解籤者強調此籤關於擔任公職或考試大吉大利。但只講關於考試，是不對的，任何籤詩幾乎都可以全方位解答生命疑惑。另外有一些解籤註明考試、婚姻、事業、家庭、問事全都很好；但是唯獨一項沒有提到，就是疾病。

我們都知道，籤詩的解曰會分成基本大約八到十項來回答，其中一定會提到健康。頭籤裡面解曰沒有提到健康是一件非常奇怪的事。本籤寫著「天門一掛榜，預定奪標人」，天門是天宮之門，指天帝所居住的宮門。《宋史・天文志三》有提到角宿二星是天上的關卡，當中就是天門，裡面則是天庭。

如果問健康，籤詩表示當事人在天宮的榜單已經登記在案，這意思就很明顯了，健康情況不好，當事人若是老人，則寓意有上天宮的意思。在解籤典故中，提到天門解釋時，也可採用屈原《楚辭・九歌・大司命》的解釋：

廣開兮天門，紛吾乘兮玄雲；
令飄風兮先驅，使涷雨兮灑塵；
君迴翔兮以下，踰空桑兮從女；
紛總總兮九州，何壽夭兮在予。

大大地開啟天宮的大門，我（大司命）乘駕著團團的黑雲；命旋風在前方開路，指使暴雨洗淨空中的飛塵；你（少司命）在空中盤旋降臨，我則越過空桑山緊跟著你；密密麻麻那大陸九州的黎民百姓，誰長壽誰夭亡全由我定。

話說在屈原的時代，楚地風俗有自己祭祀鬼神的方式。楚國人認為人之生死夭亡必有神靈主宰，而大司命是管人之生死的壽命之神，所以楚人奉祀大司命。本篇通說認為是祭拜大司命的祭歌。

那麼當大司命開啟天門，行使自身的職權，掌管人間壽命，問卜者無從抗衡，只能接受生死簿上的命定。所以此籤雖是籤王，一般狀況下是大吉大利，但問人健康則是不吉。而前面看似完美的六十甲子頭籤或籤王，也有一派解析認為：若當事人是老人，且問疾病，籤詩中提到福壽二字，則有福壽全歸的意思，因為老人的福壽已極，又如何能添福添壽呢？

明瞭籤詩其意的解籤者或算命師不願明確說白，或避諱也可以理解，因此坊間之書總模糊其意，或避而不談，於是籤王的祕密成為解籤者的忌諱。

【大家都愛抽國運籤，到底哪間抽的才是真・國運籤？】

〔陸〕

國運籤的故事

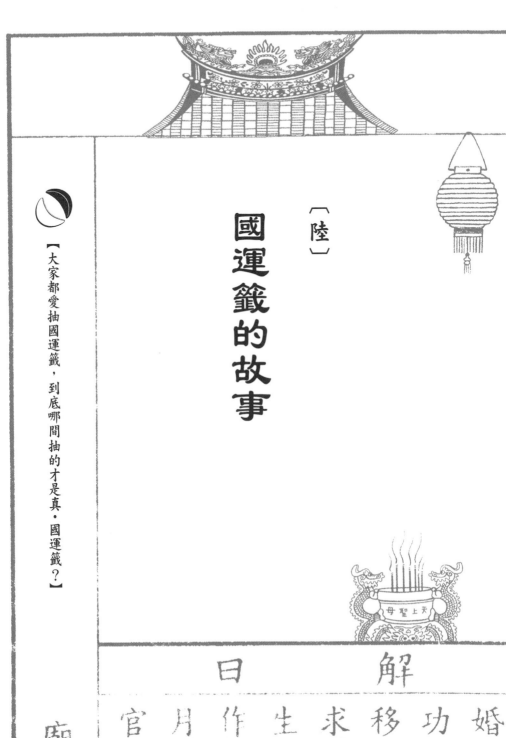

這幾年新春抽國運籤一直是很熱鬧的話題，各種紛擾不曾間斷，國運籤到底從何而來？

大家應該有印象，每年農曆年期間，新聞報導會有如下訊息：「今天是農曆大年初四，台中市鎮瀾宮、雲林縣北港朝天宮、西螺福興宮及嘉義縣新港奉天宮，四間知名媽祖廟，依慣例於子時抽國運籤……」

國運籤是在半夜抽籤？不是都白天抽籤的嗎？

台灣民間習俗認為每年農曆十二月二十四日為「送神日」，在人間的眾神會在這天返回天庭，向上稟報讀者們今年做了哪些事。

每年送神後，廟宇即封籤，等待神明們初四上工，這時無論公司行號或大小寺廟，都會舉辦迎神儀式，恭請神明開工，當然各大寺廟便趁此機會抽「公籤」[17]，用來預測國家局勢、社會狀況、四季變遷，以供民眾參考。

公籤不是國運籤嗎？

在這裡必須告訴大家的是，國運籤這個產物，是從「公籤」演變而來，最初的確只有公籤一詞，而無國運籤之說。

國運籤一詞在日治跟國民政府時期從未出現過，台灣查詢到的報刊資料顯示，最早出現跟國運籤相關的資料是一九九七年二月，《聯合報》〈子夜測國運　枯木可惜未逢春　新港奉天宮抽出新春七公籤〉，先將國運跟公籤作連結，後來一九九八年二月《聯合報》地方版報導〈鹿耳門天后宮昨天「跋四季籤」今年國運　籤詩：勞神費思量〉，將國運與籤詩作標題連結，並未直接提及國運籤一詞。直到二〇〇七年《聯

17 也有大年初五早上抽籤的，比如台南市安南區鹿耳門天后宮。

合報》再次報導〈保安宮國運籤 籲政治人物反省〉後續才正式沿用此說法。我訪談過一些廟宇，廟方人員認為，這只是媒體為了引人注目而發明出來的新詞。[18]

通常，公籤抽取人（司禮官）不一定由廟方人士擔任，而是請名望人士來抽，像台南市鹿耳門天后宮，每年農曆大年初五會請四位地方名望人士分別擔任春、夏、秋、冬四籤擲筊司禮官。而司禮官求取的籤詩支數，視各寺廟有所不同，大致有以下幾種：

①只抽一支籤代表全年國運。

②按各行各業分類求取籤詩，如彰化鹿港天后宮會一次抽四十支公籤，鉅細靡遺，毫無遺漏。

③分成「人口」、「雨水」、「早冬」（上半年運勢）、「允冬」（下半年運勢）

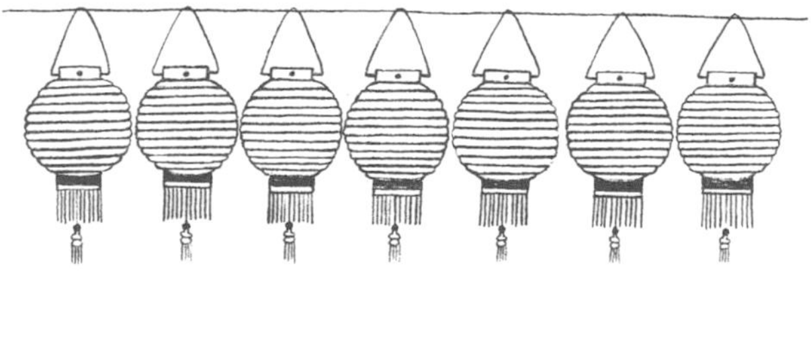

四籤詢問，如台中大甲鎮瀾宮。[19]

④分士、農、工、商四種來求取。

⑤按照「人口」、「水路」、「五穀」、「港運」、「六畜」和「生意」，如北港朝天宮。[20]

⑥依照四季節氣詢問。

每間廟所求籤之項目，會視當地發展有所變化，如果是沿海廟宇就會有漁業籤，若是農業鄉鎮的廟就會有五穀籤，大甲鎮瀾宮則是以「四季」求出四張籤詩，其公籤屬季節性的。

關於公籤的抽法，首先要看廟宇層級，因為神明是有位階的，依據位階，處理事項與靈力不同，開示的範圍各異。

18 關於國運籤相關新聞可查新聞知識庫（資料範圍 1928/2/1 至 2017/12/31）。

19 其中「人口」是國運籤代表。

20 整套抽出的籤當中，代表全國國運的是「港運」籤。

舉例來說，地區宮廟，因當地居民希望預先得知明年雨水、稻穀（年冬）、生意、六畜等狀況，便由廟裡的住持、管委會的主委或當年的爐主，在公開的場合下，向神明擲筊抽取籤詩，這時神明預告的，就是村落來年的狀況。假如詢問全國性事務，則會由知名寺廟舉辦大型的國運籤抽籤活動，由掌管全境的媽祖、觀音菩薩等神明給予籤詩。

從這裡我們就可以瞭解，為什麼每間廟求出來的「國運籤」，結果常常南轅北轍，有的廟上上籤，有的廟下下籤，因為這些籤詩一開始就有權限與開示層級的限制，所以並沒有必要去比較哪一間的神明比較厲害。

大多數廟宇都以能公開抽國運籤為榮，新聞媒體與民眾也熱衷每年各大廟宇對國運籤的解讀，除了廟方代表親自出來說明之外，媒體常會另請大師說明。現代這種大型廟宇抽國運籤的活動，已經成為一種宗教儀式。預知四季流年的籤詩好壞固然由各方解讀，但更多的是，解國運籤成為各方廟宇角力的場域，各廟在解籤時，也希望代表神明的意見能被上位者看到，作為國家當政者的行事參考。

國運籤造假奇譚

然而跟隨國運籤而來的種種紛擾亦開始產生，新聞曾報導有廟宇每年都會在農曆正月初一抽國運籤，結果在總統大選前一年抽到「武則天坐天」的籤詩，隔年蔡英文當選台灣首位女性總統。此後，該廟的籤詩不斷遭人各種竄改，並在網路上散布，廟方感到十分困擾，甚至考慮日後不再抽國運籤。原因除了被人惡作劇之外，廟方也另有一層考量：數年來抽國運籤，每次抽到好籤，結果該年國內狀況連連，會被說成籤詩不準；若抽到壞籤，不但民眾焦慮，政府官員也不樂意，因此考慮停止抽國運籤。

關於國運籤，民間有種種附會之說，有些人士會自行去抽取國運籤，在網路發表評論，是否準確，見仁見智。但不可否認，部分人士私下抽國運籤，為的是若猜中，可作為宣傳斂財道具。我還記得台灣以前股市正熱時，金管會嚴禁用各種易理算命之術預測股市，違者重罰，正是因為不少人藉機牟利。

這類事情並不是現代才發生，從算命學興盛以來，就有各種卜筮異相之說被運用在政治活動上，例如漢朝黃巾之亂，便是運用「蒼天已死，黃天當立」的預言做口號，因此古代政府對於這類事情特別注意。像唐代妖言惑眾造反的案例就有四十三例，但全部都失敗了[21]。最後禁止占卜國家運勢，避免有心人士利用其造勢，真是先知卓見。

唐代法律：「諸造祆書及祆言者，絞。造，謂自造休咎及鬼神之言，妄說吉凶，涉於不順者。」這句話裡面指出「咎」，就是擅自預言國家吉凶，散布謠言，唱衰國家，會被判絞刑。反過來講，就是沒有規定不能預言，不過只能說好的部分，不然政府會不高興，政府不高興就會把預言者判絞刑。

另外也規定「傳用以惑眾者，亦如之；傳，謂傳言。用，謂用書。其不滿眾者，流三千里。言理無害者，杖一百。即私有祆書，雖不行用，徒二年；言理無害者，杖六十。」

即使自己沒有編造這些預言，但是如果跟著人亂講國家未來的預言，或是傳遞相關書籍，依據相信的人數多寡，會判不同的刑罰。跟一個人以上講，會被判決流放三千里，超過三人以上，就判絞刑啦。不過這裡的「人」，不算同居人，政府表示跟家人講不算。所以，古代好嚴苛，台灣現代比較自由。

《唐律疏議》中提到：「傳用以惑眾者」，謂非自造，傳用祆言、祆書，以惑三人以上，亦得絞罪。注云：「傳，謂傳言。用，謂用書。」「其不滿眾者」，謂被傳惑者不滿三人。若是同居，不入眾人之限；此外一人以上，雖不滿眾，合流三千里。其「言理無害者」，謂祆書、祆言，雖說變異，無損於時，謂若豫言水旱之類，合杖

21 高明士、陳登武等著，《從人間世到幽冥界：唐代的法制社會與國家》，頁103。

一百。「即私有祆書」，謂前人舊作，衷私相傳，非己所製，雖不行用，仍徒二年。其祆書言理無害於時者，杖六十。

總之，在種種困擾之下，現代很多廟方抽完公籤，直接張貼公告，讓信眾自行解讀，避免衍生問題，或是公告非官方請勿在廟裡自行求抽國運籤。畢竟，國運還是得靠大家一起來努力。

〔柒〕

月老月老幫幫我——愛情籤

【月老：醒醒吧孩子，對方就是不喜歡你呀！】

解曰							
婚	功	移	求	生	作	月	官

廟

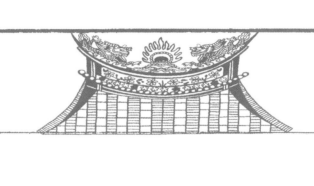

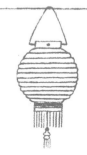

還記得青春年少時談戀愛的坎坷心情嗎？想必大家都曾因為愛情而猶豫徬徨吧？之前新聞報導，有位純情的男大學生猶豫告白與否，於是他決定到月老面前求籤，解籤得來的指示是：「上吧！不要再猶豫了。」他便鼓起勇氣告白。

但是，他被拒絕了、被拒絕了、被拒絕了、被拒絕了、被拒絕了。

這位男大學生所抽的龍山寺第十四首籤詩是：「宛如仙鶴出樊籠，脫卻羈縻處處通，南北東西無障礙，任君直上九霄中。」此籤詩的確有掙脫愛情牢籠的意思，此後當事人終於可以去追尋屬於自己的那一份新感情，當事人也表示終於獲得解脫，不會怪罪月老。

月老的旨意可能不是吾等凡人能夠理解的，月老最早出現在唐代〈定婚店〉的故事裡：

話說有位少年叫韋固，跟現代青年一樣，他也對自己的前程、婚姻、人生感到各種焦慮，尤其是看到別人早已成家，雙雙對對，他想結婚想到快崩潰了。

某次他去旅遊的途中，有人說隔天要幫他介紹對象，韋固懷抱著滿腔希望。當天夜晚，他在客棧看見一位慈祥的阿伯，在月光下翻書。韋固好奇詢問老伯伯在看什麼。老伯伯表示：「我，是月下老人。」

他手上的書是陰間之書，天下男女的姻緣都登記在上面；他最強的武器就是紅線，能將姻緣簿中有姻緣關係的未婚男女以紅絲線綁住，只要被牽線的男女，就算兩人是對頭冤家、前世仇敵，最終都會結成夫妻。

韋固一聽，興奮地問阿伯，自己將來老婆是誰？阿伯說：「是在這個店北邊賣菜那個阿婆的女兒。現在才三歲，十七歲的時候才會嫁給你。」

韋固悄悄地跑去偷窺，發現小女孩非但不是正妹，竟然是個滿臉鼻涕，有著一對大小眼，長著朝天鼻的女孩。

韋固他想結婚，卻不想跟朝天鼻小女孩結婚。

一氣之下，韋固派僕人刺殺小女孩，誰知一團混亂中，僕人只刺傷了女孩的額頭。從此，韋固相親始終沒有成功。多年後，韋固終於脫離萬年單身漢的身分，妻子容色華麗（就是很漂亮的意思），韋固十分滿意，覺得自己終於實踐夢想，娶到了正妹。然而他的妻子額頭上終年貼著花鈿，韋固覺得很疑惑，細問之下，妻子表示小時候遇到瘋子，被刺傷額頭，長大後因為父母雙亡，被刺史收養，後來才嫁給韋固。

於是韋固道出真相，夫妻兩人覺得真是緣分啊緣分啊，從此倆人過著幸福快樂的日子。

古代婚禮的時候，媒人致詞都要講一遍這個故事，表示姻緣天定，新人有緣相聚。當然以現代眼光來看，韋固這人根本是殺人未遂吧！我如果是他太太，絕對超驚恐的。這人脾氣不好，又是外貌協會。不滿意未來妻子的話，將來拒絕就好，為何要殺小孩?!

這人根本就不是好對象啊！難道月老只管婚姻，不管婚姻暴力，這還有沒有公理正義啊？咦，因為結局是好的，所以月老還是正確的，是這樣子的啊？好吧，真是個可喜可賀的故事。

至於月老籤詩的記載，要到清末才有。杭州有座月下老人祠堂，位於白雲庵旁，此地月老祠內有籤詩，內容取材於中國古代詩詞與典籍，如《詩經》、唐宋詩詞等。金庸先生就曾在他的散文集中提到：

杭州月下老人的籤詞恐怕是全國任何廟宇所不及的，不但風雅，而且幽默，全部集自經書和著名的詩文。據說其中五十五條是俞曲園（俞樾，清末樸學大師）所集，此外四十四條是俞的門人所增，一共是九十九條。[22]

這座月老祠據說頗為靈驗，此地從清末以來，就以月老籤詩聞名。當時杭州在地人或是內行人都知道，來杭州，就一定要來月老祠求籤。

22 金庸，《金庸散文》，台北：遠流，二〇〇七，頁44～47。

一九二八年徐志摩跟陸小曼出遊，探訪雷峰塔浪漫的傳說之外，還到西湖白雲庵拜月老求籤。他在〈眉軒瑣語〉提及這段歷程，雖然沒有說他跟陸小曼在月老處抽到什麼籤詩，但有佳人共遊，早已羨煞我輩單身鄉民。

近代史上毛澤東的太太江青也曾與數位演員集體來求籤，傳說她抽到第三十九籤：「帷舊昏媾其能降以相從乎」。

此籤典故來自《左傳》：「唯我鄭國之有請謁焉，如舊昏媾，其能降以相從也。」[23]原文意思是鄭莊公伐許大勝，與許國談和，希望以後鄭國有求於許國時，許國能像老親家一樣，放下身段來加以援助。然而在這支籤詩裡面，被改成了反問句式，意思完全相反：「怎麼能被舊婚姻所束縛，而俯身相從呢？」大抵在新文化運動之後，讚揚戀愛自由奔放的氣息，也影響到了舊時代籤詩的意義。

詩人巴金的《隨想錄》也提到三十年代初，當時他們幾個未婚單身狗遊西湖，到白雲庵月下老人祠去求籤。巴金抽到第二十三籤：「只一點故情留，直似春蠶到老，尚把絲抽。」巴金表示：「儘可能多吐絲，這就是我唯一的心願。」果然談戀愛是所有未婚人士的夙願啊！

看到這種逛月老祠盛況，單身男女也該揪團去拜一拜，畢竟民國時期好多文化名流、達官貴人都常來此處。就連歷史學者鄧之誠都講了，這地方根本就是一群曠男怨女的聚集地[24]，而籤詩在民國時期歷經戰亂導致部分失傳，多次增補修改，也靠著不少熱心人士幫忙才完成全套籤詩。

到底杭州月老祠籤詩這麼有名，其中是有什麼特別之處呢？

23《左傳．隱公十一年》。

24 鄧之誠《骨董續記》卷四〈月下老人祠籤詞〉有詳細的記載：「月下老人祠在西湖，即白雲庵，以籤詞著，癡男怨女之所宗也，詞頗拉雜，蓋好事者為之。」

主要是籤詩內容以月老專門為信眾所提出愛情跟婚姻的指示。例如：A女問最近聯誼的對象好嗎？這男的靠不靠得住？籤詩上出現「可以托六尺之孤，可以寄百里之命」，意指這男子很靠得住，可以嫁。月老籤詩果然不同凡響，這麼確切，妹子趕快嫁啊，月老叫妳嫁。

「德者本也，財者末也」，叫人不要為錢而結婚。這是千古不變的道理，但是最後一句或許能解釋為可以為錢離婚。（咦）

「斯是陋室，惟吾德馨」，這是劉禹錫的〈陋室銘〉，指對象雖然窮，人品卻好，可以嫁。大家可以考慮台灣可愛的文科男生，雖然沒理工科那麼有錢，但人品也一樣好呢！

「斯人也，而有斯疾也，斯人也，而有斯疾也。」這原是講說孔子弟子冉伯牛患上了麻風病，對比到現況，當事人要注意，對方可能有隱疾，或自己不知道的問題。

「則父母國人皆賤之」，本句出自《禮記》：「奔者為妾，父母國人皆賤之。」這裡的國人指的不是全國人民，而是當時住在都城裡的平民，政治地位比一般人還要高些。也就是說，未婚男女對象無法獲得家長贊同，私奔之後，會被鄉民恥笑的。

孟子〈滕文公〉也有提到曰：「丈夫生而願為之有室；女子生而願為之有家；父母之心，人皆有之。不待父母之命，媒妁之言，鑽穴隙相窺，踰牆相從，則父母國人皆賤之。古之人未嘗不欲仕也，又惡不由其道；不由其道而往者，與鑽穴隙之類也。」意思是指男子生下來，父母就希望替他找個好妻子；女子生下來，父母就希望替她找個好丈夫；父母成全子女的心，人人皆有。不待父母之命媒妁之言，就鑽窟窿牆縫互相窺看，跳過牆頭跟人私奔；這樣父母和國人都要輕視他了。就好比古時候的君子想出仕作官，但要依正道求取；不依正道求得官位之人，都是鑽窟窿爬牆縫的品德低賤之人啊！

這意思投射在籤詩上，是指此對象未獲得當事人父母同意，且不努力於正道，比如改善自己的條件，或是設法尋求對方父母同意啦；反而使用比較極端的方法來對抗，這類的人要注意啊。

「兩世一身，形單影隻」，連韓愈〈祭十二郎文〉都出來啦，不過抽到這支籤，似乎要單身一輩子，好悲催，月老也太直接了！

「其孰從而求之？甚矣，人之好怪也。」這傢伙有什麼地方值得你這麼神魂顛倒呢？唉，連這種醜八怪也要！（本句是金庸先生的譯文，非常傳神，在此借用，不做更動）

可見月老的職責並不光是為人牽線，有時還要負責點醒這些為情所困的男男女女，充當心靈講師。

杭州西湖的月下老人祠最後在文革時期被拆毀，現在的西湖月下老人廟是近代重建的，台灣多數月老廟表示他們跟大陸的月老廟有淵源，或是特地從杭州月老廟請分靈，這個就是誤解了，有淵源的是月老故事，而非廟宇。

只負責牽線，不包生的月老

不過回到前面男大學生抽籤的故事，其實他抽到的籤詩是觀世音靈籤，而非月老籤詩。咦，也就是說月老使用觀世音菩薩的籤詩來回答信眾嗎？

是的，早期先民飄洋過海來台，將原本的廟宇籤詩一併帶來台灣，保生大帝、媽祖、觀音都有自己專屬的籤詩，沿用至今。而台灣的月老大多陪祀在附殿，隨主神一起祭祀，少有專屬月老的廟宇。

其次，西湖月老籤詩並不完整，而且其型態跟傳統籤詩不同，並非一般四句籤詩，廟宇多沿用舊有的籤詩來讓神明回答信眾問題。因此若要抽籤，信眾也只能借用主神

（媽祖、觀音）的籤詩求籤。

最後一個原因，來自於信眾本身。

台北龍山寺月老前面只有筊，沒有籤筒。龍山寺的工作人員表示，龍山寺主祭觀音菩薩，只有觀音靈籤，沒有月老的籤詩，不過觀音靈籤即提供了婚姻姻緣的諮詢。

名聞遐邇的台北霞海城隍廟也是如此，根據霞海廟方表示，霞海城隍廟的月老是不能求籤的，大家看到的籤其實是城隍爺用的，月老不給求籤，只能求紅線。[25]

至於不讓信眾抽籤的原因，是因為某些信眾不理會（或不知道）月老不能求籤一事，自行求籤。一旦擲茭或求籤，當信眾抽到不吉的籤詩，或是事後感情遭遇不順，難免心有怨懟，怪罪月老，廟方兩難之下，只好將籤筒撤走，只有城隍才能使用。廟方認為，追根究柢還是當事人自己要勇敢，反思並檢討自己的行為態度，才能把握良緣。畢竟月老只負責牽線，選擇權還是在當事人手上。再說，就算月老牽線配對成功，雙方還是要努力維繫感情，好好經營。不然，感情出問題只怪月老牽錯線，這實在不是正理。

因此，這些廟宇認為，月老只負責牽線，剩下的就看當事人的前世姻緣與現世經營，無須靠月老解籤。

25 據說在一九七一年，有位老太太到台北霞海城隍廟向城隍爺祈求讓適婚年齡的兒女能找到適合的對象，說也奇怪，幾個孩子很快便有男女朋友。老太太感謝之際，向城隍廟主持陳國汀表示，願意捐獻月下老人神像一座，供奉於城隍廟，協助城隍老爺處理未婚男女的婚姻大事，陳國汀荐請蘆洲王稻瑞先生雕刻一尊高一尺三的月下老人神像。冉冉白鬚，雙頰紅潤的月下老人（按：已因四十多年香火興旺的燻染，白鬍燻成黑鬍），終日面帶微笑，左手拿婚姻簿，右手拄著枴杖，肩披紅線，促成好姻緣。從此，月下老人的神像，成為霞海城隍廟眾多的神祇之一。

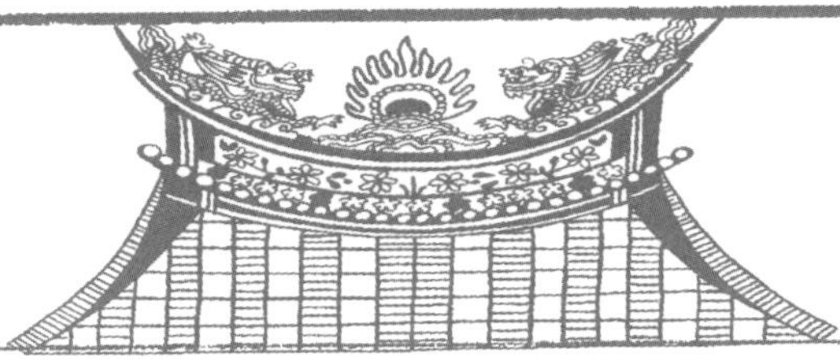

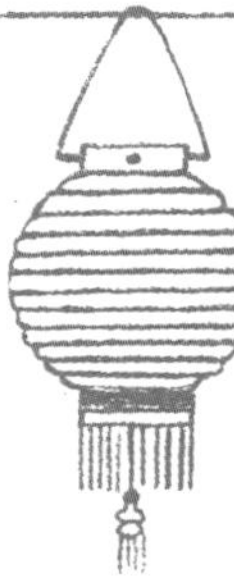

〔捌〕五花八門的藥籤

【保育類動物表示：原來我們也是藥籤文化的一部分】

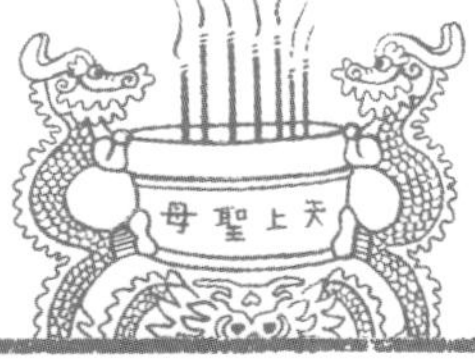

解曰

婚 功 移 求 生 作 月 官

廟

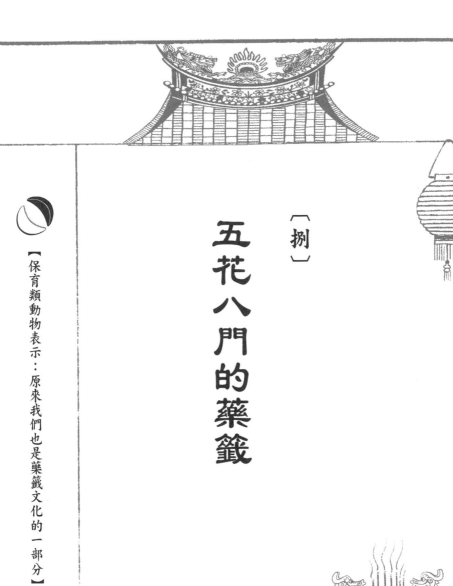

二〇一五年台南仁壽宮正要舉辦王船活動時，突然接獲神明指示，表示要在王船上增加抗疫藥材。由於以前沒有過這種狀況，廟方便請來中藥商協助，「擲筊」請保生大帝選定數種中藥材防疫，像是當歸、黃連、人蔘、柴胡……等等，出人意外的是，牛奶糖也名列其中，引起鄉里間的熱議。

牛奶糖作為藥使用，很早以前就有了。[26]南部籤詩體系裡面有套一百二十首的藥籤，台南仁壽宮及屏東東隆宮等廟宇都在使用，但各家編號稍不同。第七十六首的內容上面寫著「牛乳膏，半飯碗，調熱酒服之」。傳聞信眾吃了這個藥方，病就好了。[27]

類似這樣的奇特藥籤很多，例如在小琉球碧雲寺請求觀音媽，有三聖杯就可以取得藥籤，再到附近的中藥行抓藥，最後還要再問神明，需不需要加「藥頭仔」（藥引）。藥引大多是在小琉球容易取得的東西，最有名的藥引就是龍目井的泉水，又叫龍目水。泉水裡的蝦或蟹，都能做藥方。

曾有人求藥籤，籤中指示說要用五隻鮮蝦做成肉丸，當做藥引。當事人正苦惱蝦子從哪來的時候，在龍目井湧泉口竟看到，五隻蝦子緩緩地從池底浮上來。因此，小琉球碧雲寺的泉水可以治病消厄的傳聞就傳開了，從此泉水受到嚴密的保護，居民不可隨意汙染水源。

是福爾摩沙，也是瘴癘之島的台灣

根據早期記載，對台灣的描繪：「鳳山以南至下淡水諸處，早夜東風盛發，及晡鬱熱，入夜寒涼，冷熱失宜。又水土多瘴，人民易染疾病。自府治直抵諸羅之半線，

26 據高國欽醫師考證，牛奶治反胃便祕，牛奶糖拿來作為藥籤是有根據的。

27 早期的森永牛奶糖廣告也強調，常吃牛奶糖，可調和腸胃，咽喉舒暢，治療身心疲勞。大抵牛奶糖功能很多吧。（陳柔縉，《舊日時光》，台北：大塊文化，二〇一二，頁40）

氣候亦與臺邑等。半線以北，山愈深，土愈燥，煙瘴愈厲，人民鮮至。雞籠地方，孤懸海口，地高風冽，冬春之際，時有霜雪．此南北之氣候不同也。」可說是瘴癘之島，居民易生疾病，有的沒錢就醫，而有錢就醫者也不一定能及時找到醫生，那麼古早的民眾是如何解決這個問題的呢？

讓我們想像一下：

——清領時期，阿水是一位漂洋過海來台灣的福建人，平日住媽祖廟旁邊。某日受同鄉邀請吃午飯，對方漂亮的原住民太太做了一些阿水沒吃過的食物。有一種以竹葉包裹而成的東西，看起來很像粽子，裡面包芋泥和糯米，阿水很喜歡，多吃了幾個，並在內心暗暗地想說，將來也要娶這麼漂亮的水某。閒聊到下午，阿水突然腹痛如絞，上吐下瀉，痛到在地上打滾，夥伴們一時都不知道該怎麼辦。

同鄉認為到廟裡求助媽祖娘娘，把身體的病痛告訴祂，再去擲筊抽籤，媽祖會給藥，聽說很有用。於是大家抬著阿水去廟裡求籤，告訴神明阿水的病症，廟公教他們依照科別（廟宇的藥籤會分大人科、小兒科、眼科等），擲筊確定籤號，籤上面會有處方，記載藥材、分量、服法。擲筊之後，他們照著籤號到廟旁邊的藥房去抓藥，那些草藥很便宜。大家抬著阿水返家後，在正廳煎藥，且朝著外面焚香祈請神明前來，最後再將香燭插在神明爐或煎藥的烘爐上，這叫作「吃香煙」。果然阿水服用完，迅速地痊癒了。

此後他只要身體不適，或有任何疑難雜症，會到廟裡向媽祖求藥籤。久而久之，阿水覺得這個生意可以做，在媽祖廟旁邊開起小鋪子賣藥，阿水很有生意頭腦，他長期捐助廟方香油錢，讓廟公介紹求藥籤的民眾都來他的鋪子抓藥，數年後阿水果真順利娶了一個水某。——

台灣寺廟藥籤的來源

目前最早關於藥籤的敘述，來自《紹興醫藥學報》[28]。民國四年，紹興醫學會調查華佗廟藥籤的使用狀況、民眾如何使用儀式求籤、廟方如何起乩治病，但到了民國十年，有民眾因為民間醫療而耽誤救治，因此紹興醫學會提出應禁止寺廟售藥籤。[29]

近代高國欽醫師考證發現，藥籤的藥方多出自一〇七八年後的《太平惠民和劑局方》，另外還有出現一七九八年《溫病條辨》的方劑，甚至出現了一八八二年台灣安平益生堂研發的宋陳這味藥物。也就是說藥籤的出現，至少在北宋之後，然後在清朝時期有修訂或是經由彙整做成藥籤。[30]

在台灣，藥籤被認為是清領時期移民從原鄉帶過來的，當時瘟疫跟各種疾患無處不在，移民來台時將藥籤也跟著承傳下來。現今常見供奉保生大帝（保安宮）、神農大帝、呂洞賓為主的「醫藥神」藥籤，另外還有媽祖籤，為台灣最大的兩個寺廟藥籤系統。據統計「藥籤」分布以台灣南部最多，香港、新加坡等地亦可見。

關於藥籤有幾種型態，一種是地方寺廟的宮跟壇的乩童開出的廟籤。在早期台灣的廟宇不僅是地方信仰中心，也是居民看病的「醫院」，因為農業社會醫藥不發達，就醫不便；人們就向乩童問病，由乩童開藥。也有用輦轎的方式，直接到藥店使出要配什麼藥，或由桌頭主導，帶人去野外找草藥。

28《紹興醫藥學報》是中國近代最早的中醫藥期刊，由何廉臣創辦於清光緒、宣統年間，一九〇八年六月創刊，一九二三年一月停刊。
29 段逸山主編，《中國近代中醫藥期刊彙編：紹興醫學雜誌》上海辭書出版，二〇一一，第十八期，頁224。
30 高國欽，〈保生大帝藥籤沿革圖〉，《祀典興濟宮保生大帝藥籤詮解》（台南：大觀音亭暨祀典興濟宮出版，二〇一七），無頁碼。

第二種則是一般我們看到最常用的紙本藥籤，起源於道教符籙派，但也有學者如李豐楙駁斥藥籤源自符籙的說法，認為兩者不同。實際上從《正統道藏》裡面搜尋，最初紀錄裡面只有一般占卜用的靈籤，並沒有藥籤，我們只能得知藥籤出現時間比一般籤詩晚。

讀者們想必會以為藥籤和一般籤詩一樣，其系統是和廟宇所祭拜的神明有關係。但是根據以前衛生署（現今衛福部）的調查，個別寺廟所用的藥籤版本與所祀的主神之間，並沒有必然的關聯，反而是跟廟宇本身的歷史以及地區因素有關。比如說：東隆宮的藥籤流傳區域很廣，廟方人員表示從很久以前就有這套籤，屏東地區幾大廟宇的藥籤都是從東隆宮流傳過去的，包括小琉球那邊也用原先東隆宮的藥籤。也就是說在廟方選用藥籤版本的過程中，是考慮在地現況，且受到歷史因素的影響。

藥籤到底是藥膳還是毒藥？

一般藥籤分大人科、小兒科與眼科，大人科的藥籤最多。藥方並不是憑空創作，而是根據古醫書來的，如《傷寒論》、《金匱要略》、《小兒藥證直訣》、《太平惠民和劑局方》，也包含民間的驗方，甚至是食療的菜單[31]。中醫藥委員會研究發現，藥籤的藥方，多屬於安神、鎮靜、順氣及增進食慾等效用成分。原始藥籤因為多從大陸傳入，氣候習慣與台灣不同，後來廟方都做過修改跟添加。

藥籤的內容，有日常飲食採用的食譜。比如興濟宮保生大帝籤（眼科）第七十九首：「冬瓜七條，冰糖一兩，六味丸四錢，不拘煎茶服」，這裡的冬瓜指的不是真的大冬瓜，七條冬瓜煮一大鍋，就算分幾餐吃完，吃到都撐死了。這裡的冬瓜指的應該

31 保安宮曾經聘請北京中醫藥大學教授就《保生大帝藥籤》查明每首藥籤的出處，查證後如內文所述。

是冬瓜糖，本方整個來說就是冬瓜茶。根據中醫師的說法，這藥方滋陰補腎，但是甜度很高。

東隆宮藥籤（大人科）：「海参四兩、生肉四兩、韭菜白一撮，為羹而服。」這看起來就是普通的羹，只是加韭菜白，不過卻有壯陽補腎的功效，兼治身體虛弱，看得體弱的我都想吃了。還有保生大帝藥籤第三十二首：「番薯葉搥，烏糖塗之。」是說把番薯葉擣成泥，用紅糖混合，既可以內服，也能外用，這些藥方大都很便宜，方便民眾取得。

其實看藥籤，部分藥膳或是食譜都在裡面，但是也有很多奇特的東西，諸如鐵釘、童子尿、牽牛花、刺蝟、牛背蒼蠅、膽星、水蛭，保育類動物的熊膽、穿山甲、虎骨膠、虎頭骨等等，藥單有點驚人，這些藥材現在看起來很貴，不知當時的藥到底要多少錢？但想必也不會太貴吧？

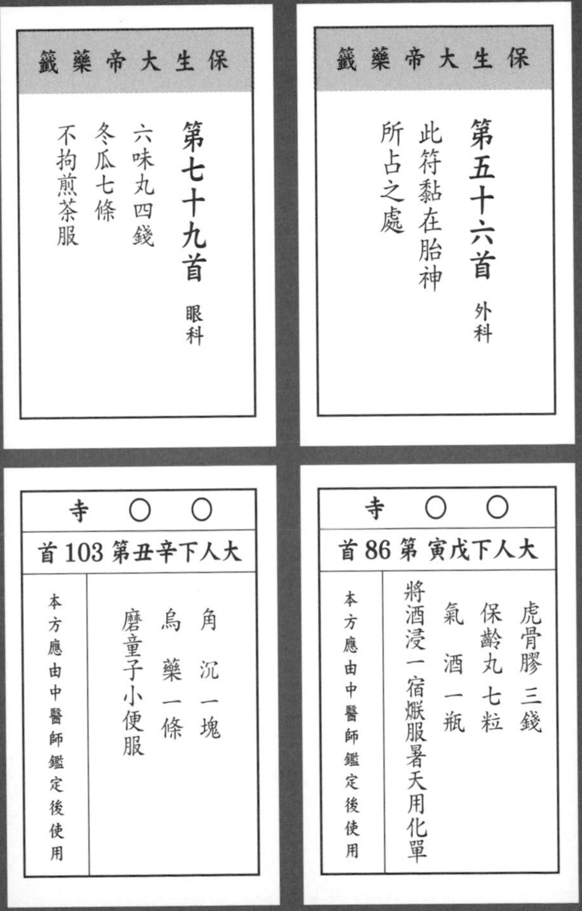

保生大帝藥籤

第七十九首 眼科

六味丸四錢
冬瓜七條
不拘煎茶服

保生大帝藥籤

第五十六首 外科

此符黏在胎神
所占之處

○○寺

大人下辛丑第103首

角沉一塊
烏藥一條
磨童子小便服

本方應由中醫師鑑定後使用

○○寺

大人下戊寅第86首

虎骨膠三錢
保齡丸七粒
氣酒一瓶
將酒浸一宿燉服暑天用化單

本方應由中醫師鑑定後使用

現在來看，有些藥名已經弄不清楚是什麼藥了，也有早已禁用保育類動物的藥材以及玄學符咒，這些藥籤內容跟天書沒兩樣。

宮 ○○

大人藥籤

第肆貳號

川連、大黃、膽草、柳枝癀、舊鐵釘一枝、黃柏。看病大勇弱加減、水不拘煎服。

※本籤僅供貴信眾參酌，倘有任何疾病，貴信眾仍需儘速至醫院診斷，以保健康。

銘謝參拜

宮 ○○

大人藥籤

第柒陸號

牛乳膏半飯碗調熱酒服之。

※本籤僅供貴信眾參酌，倘有任何疾病，貴信眾仍需儘速至醫院診斷，以保健康。

銘謝參拜

宮 ○○

大人藥籤

第玖拾號

鮮蝦八尾、綠豆粉三錢、生豚肉二兩、搗碎爲羹。

銘謝參拜

第肆貳號籤是可以治很多病症的藥方，
其中鐵釘可以治癲狂跟貧血，真是太厲害了！

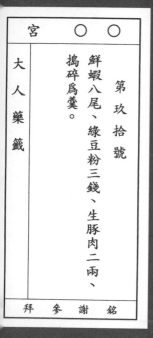

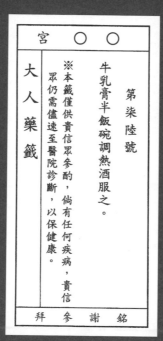

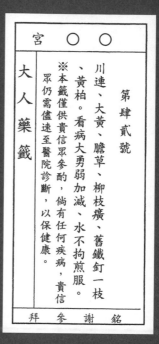

藥籤還包括符咒功能？

我們目前所看到的藥籤，絕大多數都只有藥方，而沒有描述藥方可以適用於哪些症狀，這樣讓人疑惑，到底吃這些藥籤，沒有對上症狀的話，療效究竟如何？但是會到廟裡跟神明求醫的人，多數是罹患痼疾或重病的患者，經過各種中西醫治療後，想要依靠信仰之力來解決病痛。

這裡要提到第三種藥籤，就是擁有符籙功能的藥籤。這類型的籤未必一定要服用藥物，像是香港的黃大仙祠的藥籤，有些病患索取之後，並沒有去藥店取藥，而是把藥籤當作護符使用。而藥籤內容有些竟然是神明對於病患的建議，甚至是祈福或是符籙儀式，像是黃大仙「婦科」的第六十四方：

家內不和妖魅侵　偏多危病苦沉沉
虔誠祀祭先靈位　免使前人血淚深
祀祭家先　明日再求

此籤毫無藥方，僅指示病患病因來自邪魅作祟，需要從除祟著手，才能斬除病因。類似的藥方還有貼城隍符、使用桃木劍、艾草等物，除去邪氣。

另外也有從陰德功過來討論的藥籤，如「男科」的第九十二方：

自思己過　平生事多　將錯就錯　醒猛回頭　莫招凶禍　無方

這是由道德方向讓病人省思病痛的由來，在於自身陰德。

還有第九十三方：

不信我　何須求我　既信我　何以怨我　未悔心　則爾還爾　我還我

則是對於不信的信眾當頭棒喝。

這些內容充滿術數符籙的藥籤，等於是將疾病歸因於不可知的力量，因此必須靠神明指示信眾如何選擇道教儀式來解決疾病的問題，或是藉由當事人祭祀的力量來消災解厄。

重點在相信神明的神力，有研究指出寺廟的「藥籤」與祭祀、驅邪的含意相似，藥方是否能真正解決疾病，其實病人並不在乎，而是期望以藥籤跟禱告等宗教儀式的操作，使神明庇佑病人。在神力運作之下，能讓病人治癒。

即使最後吃藥籤無效，也能安定病人的信心，感覺神明與我同在。

求神求醫缺金錢

除了相信神力之外，對民眾來說，或許更關鍵的是金錢問題。日治時期總督府重視醫學教育，使得醫師地位崇高。跟漢醫比起來，民眾當然更傾向西醫，但問題是醫療費用導致的情況：

——昭和年間，東港吳先生，身為漁夫的他，在物價高漲之下，一直存不了錢。吳先生身體有各種小病痛，沒錢去西藥販賣店買藥，更不用說去醫院了。看醫生要花很多錢，最多買買成藥，但是藥店裡面龍角散就要一圓，就算是太田胃散也要個二十錢，吳先生連這錢都出不起，便去王爺廟裡求藥籤。之前有傳聞說，最近吃草藥有吃出問題的，他總有些不安，廟公告訴他不用擔心，在寺廟求到藥籤之後，只要去廟公介紹的漢藥店配藥，比西藥便宜得多，而且漢藥店老闆還會把脈，可以根據吳先生的狀況更改藥籤的配方及用量，不用怕，很可靠的。

吳先生抽到的藥籤拿去漢藥店，老闆一看，請他重抽，說這張籤是治月事不調的。可能是吳先生暫時跟王爺沒有緣分，讓吳先生再去求問一次神明，說不定王爺這次准了。果然吳先生這次求到第二張藥籤，吃了之後，病況好轉。吳先生覺得老闆會幫忙看診，又不用謝儀，以後都在廟裡跟神明求藥就好。

幾天之後，吳先生在報紙上看到，嘉義有對夫婦，妻子患婦人症，久治不癒。醫師說要長期住院，每個月要五十圓以上，丈夫負擔不起，向父母借錢，結果這公公反而要求兒子離婚，再娶個健康的太太。最後這對夫妻絕望之下，竟自殺身亡。

據聞此事，台灣很多醫師開始設義診。新莊就有醫師開大人兩天份的藥只需要三角錢，外用藥一劑十錢。貧困的人只要有保正開證明，一概無料（免費）。後來，東港的李醫師決定實費診療，大人一日份水藥或是藥粉各十錢，如果家裡窮困的人，找公職的人來證明家境清寒，可以免錢。大家都說李醫師人好，很親切；吳先生心想這麼便宜，決定也去看李醫師。——

當時台灣民眾之所以會依賴藥籤或是其他醫療方式，甚至是偏方、祕方，主要是當時醫療市場缺乏管制，醫師與民眾照護比例不均，醫師心態不一。病人家屬著急，又不瞭解醫學常識，難以完全相信醫師。透過藥籤，至少讓病人有信心服用，而非束手無策。

昭和五年（1930）台灣報紙上出現了一系列的爭論，即藥價降價事件。當時因為藥價過高，報紙上討論藥價問題十分熱烈，這情況造成民眾私下找密醫，或是自行吞服草藥導致中毒或死亡事件，於是後來台灣各地出現醫師自願降價給與貧苦民眾醫療的情況。

到六〇年代台灣，雖然醫療進步了，但經濟仍然是就醫考量的條件：

——南投草山劉先生，四十八歲，曾經在太平洋戰爭中徵召入伍。回台後，某年突然全身發黃，右下腹疼痛。親戚建議去台中看西醫，說是東京帝大畢業的醫師，很可靠。劉先生看過後，聽醫師說要注射特價的外國針，一針要一百六十圓，當時米一斗才四十三圓，打一針要四斗米。劉先生不願意，醫師只好給他打一針四十圓的藥，但療效差，劉先生開始意興闌珊，到後來連台中都不想去，態度異常消極，他不顧家人勸阻，認為吃廟裡的藥籤還比較有用，藥籤有神明加持。最後病況加重，家屬只好仍將他送往台中急救。——

民國八十四年，全民健保開始實施，這時候的民眾，就醫行為未必是因為經濟關係，而是因為信仰或是習慣：

——宜蘭黃先生年事已高，感冒一直未癒，自行去廟宇求藥籤服藥後，突然肌肉無力癱瘓，家人趕緊將他送醫急救。黃君不幸死亡，醫師事後告訴其家人，藥籤裡面含有劇毒藥物「八角蓮」，導致中毒。為什麼藥籤會有八角蓮呢？因為數年前曾盛傳八角蓮具有抗癌功效，所以被神壇宮廟大量使用。醫師十分生氣，表示最近跟黃先生一樣的案例很多。為何中藥行的老闆看到民眾拿藥籤配藥時，都沒有問過病人是否看過醫師，也沒留意藥籤使用了劇毒藥材，導致患者中毒。——

九〇年代的台灣有頗多藥籤中毒事件，因新聞報章媒體發達，使得這類消息容易被看見。再者是健保的出現，促使民眾一旦有問題，便會迅速就醫，查出是藥籤中毒，因此案例就多起來了。

當時也有婦女依藥籤，服用杏仁，連同杏仁渣都吃得一乾二淨，據說可治療久咳不癒。沒想到生杏仁含有劇毒氰酸，導致食用者口吐白沫，視力模糊，送醫急救。而看過電視劇《後宮甄嬛傳》的讀者應該知道，患者是吃到了所謂的苦杏仁（北杏），才會如同劇中的安陵容一樣中毒，生吃苦杏仁確實很危險。

因為種種藥籤中毒案例增多，衛生署便行文給各大寺廟，要求藥籤上加註「僅供參考」或「需經中醫師確認」等警語。

但是因管理不當的問題，衛生署遭監察院糾正，於是便委託中國醫藥學院的教授，開始普查全國寺廟設藥籤的情況及藥籤內容。結果發現其中有些含雄黃之類的有毒藥物，也有犀牛角、虎骨及熊膽等保育類動物，還有會導致成癮的罌粟殼[32]，以及危險物如舊鐵釘與紋銀等內容之藥籤。於是在民國八十八年，便明文禁止使用藥籤。

32 罌粟殼早在六〇年代已被列為管制藥品，它被當作麻醉藥劑使用，服用不當有可能會成癮。

治病不用尋藥籤，台灣處處有醫院

來到現代的情形或許是這樣的：

——年輕人楊某，因異位性皮膚炎，中西醫都無法根治，每到換季總搔癢難耐，又不想擦類固醇藥膏。他在網路上看到網友提過，關於藥籤的神奇故事，遂特地到廟裡求藥籤。哪裡知道北部知名廟宇都不再提供藥籤，只好跑到南部的寺廟求藥籤。看著陳舊的藥籤櫃，他好奇地拿起籤詩，上面滿是灰塵，感覺已經許久沒人動過了。楊某跟廟公閒聊，廟公說自從健保實施後，幾乎已沒什麼人抽藥籤了。以前每天至少還有十個人來抽，現在一天不到一張。而且廟方也怕出事，所以大都把藥籤收起來，再不然就是得加注警示標語。信眾如有問題，直接求神明就好了。楊某想想也是，拿出手機，直接查醫師名單，請問神明要找哪個醫師好。當然藥籤還是照吃，雙管齊下，說不定會好得比較快。——

自從全民健保實施，加上廣設大學，現代知識的權威取代了神明的權威。且交通發達，就醫方便，對疾病有疑惑時，大家可以在居家附近的醫院診所求診，甚至在網路先查資料，報章雜誌也提供各種醫療保健資訊，不需求問神明了。

現代的藥籤反而成為保存歷史文化的一環。不少廟宇和中醫合作，聯合修訂藥籤，像是台南市興濟宮有三百三十首藥籤，中醫師高國欽藉此整理《保生大帝藥籤詮解》，解籤增至三百六十首，提供給全台各間保生大帝廟宇收藏。

即使是這樣，醫療再進步也有極限、仍有待努力之處，當人們無法處理身體的痛楚之時，也許最後還是要尋求心靈上的支柱，依舊尋求與神明之間的某種連結。

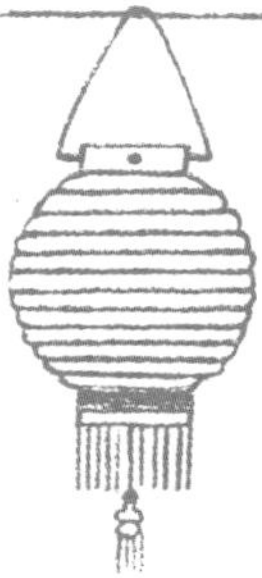

〔玖〕

求籤攻略指南

【有了攻略指南，您將可以快速升級】

解 日

婚 功 移 求 生 作 月 官

廟

進廟不可從中門（大門）進

我早年不解世事時，有位學姊帶著我四處參訪。記得第一次跟學姊進台中樂成宮，剛跨進大門就被學姊抓住。她告訴我，進廟門時要注意，一般廟宇有三座門，稱為中門、左門、右門，切記不可走中門進入。中門是神明出入的道路，不可以任意進出。在古代只有皇帝、位階高的官員、地方長官等人，現代只有總統、行政院長、市長等才能進出。一般來說，中門得在神明誕辰或其他神明來拜訪，或政府官員來參訪時才會開放。民眾如走中門，遇到神明出去辦事的話會擋到祂，擋到神明就會沖煞。部分廟宇為了提醒民眾不要隨意進出中門，平日會使用柵欄提醒，據說農曆七月因逢鬼門開，初一便會關上中門，方便好兄弟走動。我一聽冷汗直冒，因為平常都沒注意，覺得從大門正大光明走進去很好，現在想來，都不知衝撞神明多少次了。（汗）

請從龍門進，虎門出

那到底要怎麼走呢?信眾只需要走右手邊的側門（又稱龍門）進入，最後拜完從左邊的門（又稱虎門）走出。通常進出廟宇時要龍門進、虎門出，因為「入龍口出虎口，好運來壞運去」，另一種說法是「龍門進、虎門出」有「出將入相」的意思，也有「進龍門，出虎口」這樣吉祥如意、消災解厄等含義。

另外，進廟時不能踩門檻，有關此一禁忌的說法有兩種：一是因為「門有門神」，門檻是門的一部分，踩踏門檻是不禮貌的行為，會有冒犯神明的疑慮。因此在進入廟宇時，要屈膝跨過門檻，以表示對神明的尊敬。二是說踩上門檻，視線會自然直視上方的香爐，這樣對所祭祀神明或祖先不敬，應低頭通過該香爐表示敬意。[33]

33 民間另外有傳說進入廟宇時要先把左腳跨過門檻，而離開時則要先出右腳，因為中國傳統上是以左為大，以右為小。根據訪問數間廟方的意見，均認為只要抱持感恩、懺悔、祈福的心意進來，不管左腳右腳先跨都是可以的。

香不可吹熄，可用搧的

進廟之後，請先洗手，潔淨自身。然後先詢問廟方，等下要去哪幾座香爐跟哪幾位神明面前祭拜，總共要點多少炷香；有些廟宇是每爐一炷香，有些是每爐二炷香，不太一樣。我每次點香，都會下意識地把香吹熄，學姊總是再三制止，表示點香之後不可以用嘴吹熄，因為代表所祈求之事會「吹」；另有一說是因為拿香供佛，必須要清淨，可是人的口氣多半汙穢或有口臭之類的問題，假若沾染在香上，再拿來禮佛，未免不敬。因此，點香之後可以用手搧熄，或輕輕搖晃使火光自然熄滅為佳。[34]

接下來的步驟各寺廟略有差異，一般來說進入廟宇後，會分為兩種狀況：

①先參拜天公爐，然後到主神所在的殿宇開始參拜。

②先拜主神，才拜天公爐。

什麼是天公爐呢？天公爐是玉皇大帝的象徵。廟宇一般都會替神明塑造金身，方便信眾膜拜，可是玉皇大帝為眾神之上的宇宙主宰，民間為表示對玉皇大帝的尊崇，所以很少為其塑造金身膜拜，單以朝拜天公爐代表崇敬天公。

由於所有民間神祇皆屬玉皇大帝麾下，所以民眾入廟參拜，第一件事就是先拜放在廟門口的天公爐，然後再進入主殿參拜諸神，這是敬神的基本禮儀（據說設有天公爐的廟宇，只要有神明路過，也必須先對玉帝行禮）。

各廟宇習慣不同，有時也有先祭拜主神的狀況，例如板橋慈惠宮就是要先拜主神媽祖娘娘。因此這部分最好先跟廟方問清楚，畢竟入境隨俗。

34 習俗裡面也有提及插香時宜用左手，不宜用右手。因為一般人大多是右撇子，上廁所時總是以右手拿衛生紙，較不乾淨，所以認為燒香拜神應以左手插香以示尊重。還有說插香時要盡量插在香爐正中心。

拜完天公及主神之後，接下來繞行寺廟參拜，請依廟方設計的箭號指示方向前進，或是詢問廟方人員參拜方向。我發生過多次走錯方向，或是拜完後，發現手上的香還有沒用上的，即寺廟後方還有神明沒有拜到，或是遺忘了虎爺等等情況。待整座廟都參拜完後，再到神殿的主神面前開始祈求就可以了。

如何跟神明詢問問題

接著，如有求籤需求，先看廟方是否有求籤說明，閱讀後整理一下思緒，思考要如何跟神明說清楚自己來意。

問問題時，應該要先確認神明在不在家，因為神明可能不在廟裡，所以不管是要求籤或是求杯，都要先問神明在否。

如果沒有聖杯（即兩個都是正面或反面），即表示神明不在廟中，可以等五分鐘後，再次燒香參拜，重複告知神明弟子姓名、生日等動作。以下改寫自台中樂成宮的解籤程序圖為例，範本如下：

弟子（信女）〇〇〇，民國〇〇年〇月〇日出生（國曆與農曆皆可），生肖屬〇，家住〇〇市〇〇街〇〇〇號，現在心中有一件事有疑難，以下是事情經過……。因為無法決定，所以特別到聖母的面前，恭請聖母能給予建議，如果聖母現在在此地，請賜給弟子一個聖杯。（擲筊）

如果有聖杯（即一正一反）：可告知有事要懇請賜籤指點迷津。稍待片刻，等候神明查察所稟事情之真相。取聖筊至主香爐薰淨後，並請示：「弟子所求問之事是否已查明清楚，弟子可否開始抽籤？若可以，請賜一個聖杯。」接下來確認有無聖杯？切記聖杯是一正一反。

若是沒有聖杯：請再稍等片刻，或重新說明當事人基本資料和所要祈求指點迷津之事。若是屢次未得聖杯，也可能是求籤者認知的答案與神明想告知的事情，有所出入，請再擲筊確認是否為以下情形：

一、天機不可洩露？

二、今日不宜，改天再來？

三、此事由自己決定即可？

一籤一問，問題要清楚

詢問神明問題，可以經由擲筊、抽籤或兩者混搭，都必須將自己面對的狀況交代清楚，包括：問題的來由、事發經過、目前自己想到的解決方案、無法解決是何種原因、事件相關對象、時間點等。問問題時，若是「是非題」或「選擇題」，可以先擲筊請問神明，盡量不要採取開放式問題。若是事情疑難而不知方向，才可以使用申論題或問答題。

所有狀況都要跟神明解釋得愈詳細愈好，但提問要合乎邏輯，而且要有誠意。曾聽過有人提問世上是否有外星人，這題目就算神明願意回答，一時間也無法說明清楚，還是別問了吧。所求事件要明確，關乎自身，一次問一件事；要問三件事，便分別求三支籤。有些籤詩求到之後，若是不明神明之意，也要詢問神明是否尚有其他籤詩要賜予，總之，一定要釐清才好。

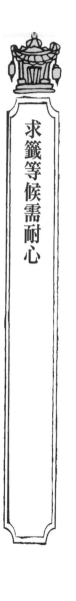

求籤等候需耐心

一般求籤之規範，是在籤筒抽取竹籤一支，數字面朝上放在神前供桌，再祈問神明：「弟子所抽第××首籤是否為神明要賜給弟子的籤?若是，請以三個聖杯[35]為準賜弟子聖杯。」如連擲三次「聖杯」，即為所求得籤詩，否則需再另抽籤，再擲茭杯直到連「三聖杯」，以示慎重。

這裡有個很重要的關鍵，許多大廟求籤的人實在很多，一旦抽籤放在供桌之上，其他人抽籤時就會少一支，而且供桌要擺放供品，把籤支放在供桌上也會造成困擾。我觀察到大多信眾都採用抽到後記取籤號，再求問神明，這樣對其他人也方便，畢竟神明不會因為不擺在供桌就無法辨識籤詩。為避免重複抽到相同的籤，如果抽到前一支籤未開示聖杯，就不會放回籤筒，而是與正在請示的籤分開擺放，直到開出確認三聖杯的籤為止（人超多的時候，為了怕其他人抽不到籤，還是請斟酌是否要先將籤擺回籤筒，供別人使用）。

當求得籤詩之後，請雙手合十向神明表達感謝祂賜籤指點迷津之意。然後依籤之編號索取籤詩，或請廟方解籤人員解說，有時廟方有附籤詩詳解本供信眾詳閱。

什麼狀況不可求籤？

關於抽籤提問，有些問題不可跟神明請教。各廟規定不同，但大致有一定規則。比如有的廟宇表示籤詩屬於成人籤，未滿二十歲的孩子不可抽籤。因為未成年的孩

35 也有廟宇說一個聖杯即可的，一切看當事人與神明的約定。

了，煩惱之事多為日常生活瑣事，像是考試的問題，能不能上第一志願之類的；這些只需小朋友們自行念書，好好努力自然有好成果，並非嚴重到會影響生活，不需求籤。若有任何重大事故問題，也是家中大人要來處理，小孩不需煩心，只需好好生活即可。

有些廟宇規定以下情況，請勿求取聖籤：

一、有違道德良知之事

二、有違善良風俗之事

三、國家大事

四、不關己之事

五、資料不全之事

有違道德良知與善良風俗之事、國家大事均不求

大家都能明白，如果是為非作歹之事，神明是不會給予建議，讓宵小逃過懲罰的。以新聞為例，二〇一七年八月台南市佳里警分局偵破一起詐騙案，逮捕車手集團十七名嫌犯到案，警方發現其中鄭姓車手假冒檢察官詐騙，深怕受牢獄之災，到台中一家宮廟求助神明賜籤，籤詩明示「我曾許汝事和諧，誰料修為果自乖，但改新圖莫依舊，營謀應得稱心懷」，這是一支警示籤，意思如下：「我雖答應你讓事情順遂，誰知你自己道德修為背道而馳，才會有這種結果，惟有改變從前所做的一切，努力向善，自然百事才能稱心如意」。鄭姓車手的作為連神明都看不下去，賜籤詩警告他「歹路不要走」，最後他也被逮捕。[36]

36《自由時報》，〈神明賜籤警告 詐騙車手仍走歹路落網〉，二〇一七年八月三十一日。

曾有一名楊姓男子在嘉義市組成詐騙集團，騙人無數，楊男為求心安，到關子嶺福安宮求籤請神明保佑，他當時抽到第四十三籤詩，內容表示「一年作事急如飛……音信月中漸漸知」，楊嫌以為會有貴人、鴻運將至，沒想到被警方逮獲。貴人就是警力，原來神明要他坐牢後好好做人，後來楊嫌被依詐欺罪起訴。[37]

還有一位年僅二十五歲的販毒集團首腦，為瞭解自己的運勢，曾到城隍廟求籤，他抽中的籤詩內容為「祿走白雲間，攜琴過遠山，不遇神仙面，空惹意闌珊」，是一支「凶」籤，已透露願望難實現，漫無目的追求也只是浪費時間，沒有貴人相助，再怎樣努力都是白搭。在在印證舉頭三尺有神明，歹路不可行的道理。

這些籤詩都是表明犯人未來狀況不佳，甚至有警惕犯人之意。在犯罪的狀況下，神明怎麼會保佑這些人？有惡行而不知悔改的人，神明連看都不想看到，更不用說求籤了。

我訪談時聽過關於通靈者的故事。他跟朋友去拜拜，求日後事業興旺；但是在朋友求籤時，瞬間通靈者覺得菩薩展現怒容，腦海中閃過一些畫面，原來朋友欺騙一位年輕女性，說自己未婚，實際已婚。但是他希望這件事不要被兩方發現，能夠左右逢源。結果這位先生抽到的籤看來事業運平平，當事人還頗不高興，覺得為什麼菩薩不幫幫我呢？通靈者則是提醒他感情的事最好走正道，但是對方沒有聽，後來倒楣連連，事業也不順，官司纏身。

有廟宇遇過當事人前來詢問是否要墮胎，站在廟方的立場，除了勸說當事人胎兒生命寶貴，實在無法回答這類問題。有些事遊走在法律邊界，但不見得是好事，比如早年大家樂流行的時候，不少賭徒前來抽籤求取明牌，也曾有信徒特別來問要買哪支股票，這些都是投機心態，神明是不會理會的。

37《自由時報》，〈詐團首腦還求神保佑 抽到貴人籤詩結果……〉，二〇一七年五月二十日。

此外，一般民眾若抽國家大事之籤詩，其實與己無關，於國家事務上也沒有幫助，抽了也是白抽，還叨擾神明。再說，每年歲末年初，知名的廟宇都會抽取國運籤詩公布於眾，民眾不需再抽。

是否可代人抽籤？

不可代抽籤。首先是因為代人求籤，跟代人掛號求醫不同。我們並不能知道當事人的詳細情形，以及當事人真正心中所想。本人來求籤，才能跟神明說清楚事情。當然，如果問自家直系血親的事情，等同個人家事，那當然可以幫忙代問。又或是當事人生病，或有事無法前來，這個都沒問題。

最忌諱的是，其實跟自身無關的人事，卻想要詢問神明。曾經有一位A小姐，因為她最好的閨密剛交了男朋友，但是諸多不順。她來求籤問神明那位男性到底是不是她好友的良緣，結果神明表示此非良緣。

A小姐覺得神明都說這不是良緣了，十分激動地勸說她好友，結果好友跟男友大吵一架，甚至女方家人原本就對此男生不滿，於是也以此為藉口要拆散雙方，但是後來這對男女朋友和好，反而把事情怪在A女頭上，兩個好友生了嫌隙，再也沒有往來。

說到底，感情該由當事人自己負責，不要問別人所交往的男友到底好不好、是不是良緣，或鄰居家的未婚哥哥是不是同志這類問題；表面上是關懷他人，實際上不過是為了滿足自己好奇心而來問神。即使是親如父母兄弟，也要記得當事人有隱私權，他們自己會有衡量標準，不用旁人置喙。

資料不全之事

有關資料不全之事，有時可能是緣分未到，或是當事人在自己不明情況下，無法理解神明旨意，或是即使知道了，也沒有辦法解決。

新聞中常有懸案未破，而警察前來求籤之事。但在資料未明的狀態下，神明給了指示或是神明也無法得知全貌，只能無可奈何。

好的，雖然說了這麼多，讓人感覺祭神求籤是一項繁瑣複雜的活動，但是最後跟大家分享點看法。

西漢司馬談——《史記》作者司馬遷之父——曾經提過，他認為陰陽家（算命之術）實在太多禁忌了，搞到好像順它者昌，逆它者王，明明這些宜忌注意也未必全然正確，結果卻搞得大家什麼都害怕，生活被拘束。38

這說法我深有同感，雖然祭拜多忌諱，可最重要的還是講求一個「誠」字。少數時候禮數沒有完全做到，不需過度在意，畢竟每家寺廟規定也不同，只要遵守最基本原則，無論是右手插香還是左手插香，有沒有朝爐中心插香，進出廟門是左腳跨檻還是右腳跨檻，神明都不會介意。

就像前述那些故事，神明最介意當事人是否正心守德，而不是形式上的儀節，如果過於介意一些雞毛蒜皮的事情，卻忘記做人的基本道理，就失去拜神的本心了。

38 司馬談〈論六家要旨〉：夫陰陽、四時（春、夏、秋、冬）、八位（八卦之位，乾、坤、坎、離、震、巽、兑、艮）、十二度（歲星周天十二次，即十二個月分）、二十四節（古人將一年分為二十四個節氣），各有禁忌，各有教令；順之者昌，逆之者亡：未必然也（陰陽家的這種主張，未必是正確的）。故曰：「使人拘而多畏。」

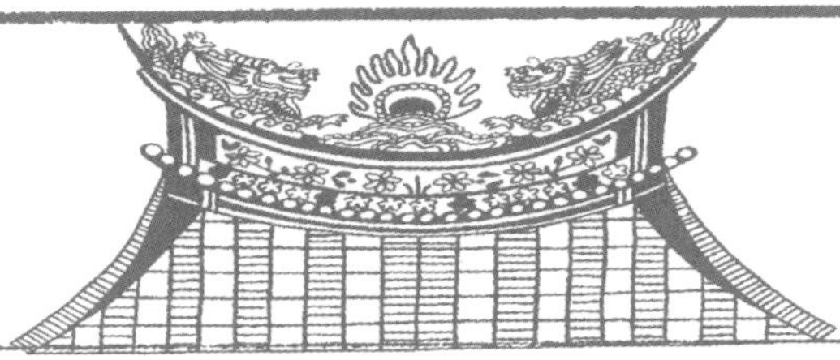

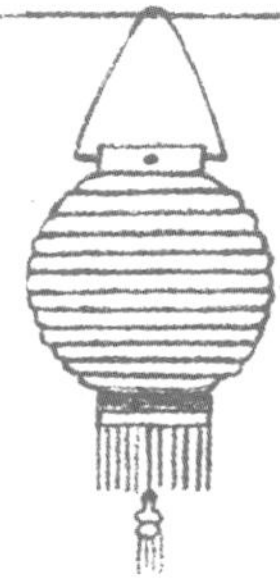

〔拾〕

沒有任何時刻比現在更為嚴肅：抽到下下籤怎麼辦？

解曰

婚 功 移 求 生 作 月 官

廟

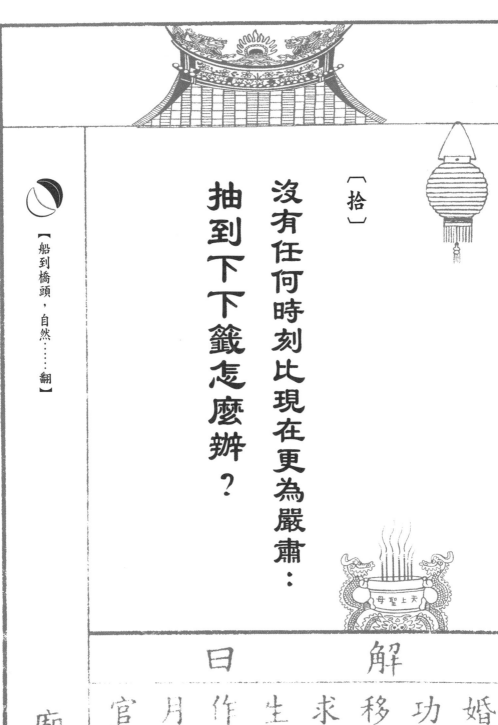

話說我的阿宅朋友，長期迷戀二次元動漫妹子，年歲漸長，仍然找不到對象。某日他終於頓悟，把對於動漫的熱忱，投入相親事業以及參拜進香當中。在他漫長的征戰旅程中，他曾抽過無數支籤。某次大家參拜鹿港寺廟的時候，阿宅哥抽到一支下下籤，然後他當著大家的面前，把籤詩塞回籤詩櫃的抽屜裡。

等等！這樣不對！怎麼可以把抽過的籤塞回去！下個拿到籤的人是回收業者嗎？人家沒有必要回收你抽過的籤好嗎？而且亂丟籤詩，給神明看到真的沒問題嗎？

正當大家激烈指責阿宅哥的同時，廟祝注意到這邊的騷動，緩緩走來。我們一群女生狠瞪阿宅哥一眼，然後七嘴八舌地上前詢問廟祝，抽到下下籤該怎麼辦？

廟祝表示，很多求籤者常常抽到壞籤後，會塞回去籤櫃裡面，或隨便亂丟在櫃子上面；比較好一點的，是會放在廟方提供的紙盒裡面。雖然民間也有說法表示把籤過爐燒掉即可，不過廟方認為把籤詩當成一個警惕就好，可以帶走籤詩。若是介意，也可將籤詩的意義銘記在心，將籤詩留下，但不要亂丟。

下下籤是神明叮嚀大家在人生中要注意的地方，只要心存善念，隨時反省自我，多加注意小心，應該都能化解未來的危難，否極泰來。抽籤算命是為了避免不好的狀況，畢竟神佛慈悲，今天來問，神明還是有保佑的。

這樣一講，阿宅哥就放心了，迅速地把這籤拿去火化了。

其實關於下下籤的處理方法很多，各地都不同，主要是看信眾怎麼認為的。有些人不介意，不論吉凶都可以帶走。也有些人認為抽到下下籤，還把它帶回家，等於也把衰運帶回家，這不是一件好事。

至於日本有個習俗，一旦求到壞籤，日本人就會認真將籤詩捆成平結或愛心結，綁在廟方的指定場所，切忌不可將籤弄破，否則將招致不好的運氣。將籤綁在廟裡面，就不會將霉運帶走。好的籤詩則是自己留起來，可以帶回家。[39]

在台灣的信眾們除了直接將籤詩丟進香爐裡火化以外，還可以將不好的籤包在五圓硬幣外面，誠心禱告後，投入香油錢箱裡，感謝神明的指點，以後會多加注意。五圓是有緣的意思，當然投一圓或十圓硬幣也行，都是心意的表現。[40]

火化完籤詩之後，阿宅哥愉悅地表示，原來只要火化這麼簡單！不然之前每次抽到不好的籤，他就會繼續抽籤，直到抽到好籤；或者他會改到其他廟宇為同一件事求籤，直到求到好籤為止。（呃，此種行為再次刷新了我的價值觀……）

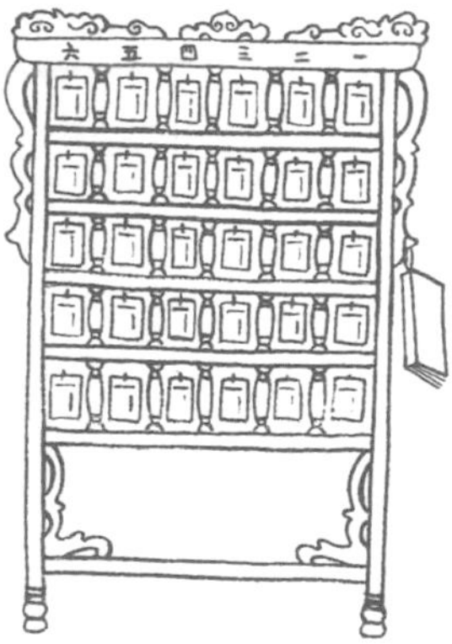

這種求籤心態實在太要不得了，在哪裡求籤，就應該以該廟為主。那支不好的籤，就是神明給你的建議啊。不好的籤，就是現實，只能接受，我們最多只能問神明要怎麼解決。抽到下下籤，卻不停地求來求去，根本就是在跟神明「盧籤」，而且每個神明看法不同，籤詩求得愈多，只是表現當事人對神明給予的答覆不信任，這樣的態度要神明作何感想呢？

神明一定會覺得，你都已經來詢問我了，回頭卻又跑去聽別的神明不同的意見而猶豫不決，如果對神明的建議無法信任與配合，就麻煩另尋他法，不要再四處求神拜佛了。神明的好意不是拿來給求籤者貨比三家用的，非誠勿試，只度有緣人。

---

39 另外也有說法是，不管籤詩是吉是凶，都要綁在樹上。據說是因為綁籤之後，心靈可以和神明相繫、和神明結緣，更能被神明保佑，以化解不好的運氣。不過也有日本人認為，壞的才更需要帶回去，以用來警惕自己。也有一種習俗，是拿慣用手相反的那隻手來綁凶籤，代表求籤者正實行困難的事情，已經在修行，可以將運氣轉化為吉。

40 此法為籤詩網提及。

○○宮

第四首 甲丁（下下）

去年百事可相宜
若較今年時運衰
好把瓣香告神佛
莫教福謝悔無追

聖意

功名滯 求祿輕
訟不宜 婚難成
病難癒 行阻程
若求吉 禱神明

解曰

吉事已去 凶禍將來 官事臨身 是非自至 凡事謀望不成 求財交易不就 所為皆不利

急宜祈禱神明 積德回天 庶不致貽後悔耳

○○宮

第三十八首 丁辛（下下）

蛩吟唧唧守孤幃
千里懸懸望信歸
等得榮華公子到
秋冬括括雨霏霏

聖意

莫問財 休鬥訟
遠未回 病且重
婚無成 多怪夢
且禱神 勿妄動

解曰

主有死亡之患 哭泣之哀 凡事不利 有名無實 有始無終 家運凋零 前程蹇滯

抽到下下籤時，莫急莫慌莫害怕，做善事可解。

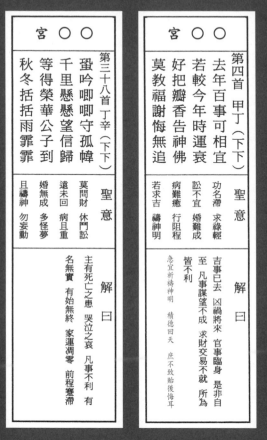

阿宅哥表示，可是我們求籤的人只是想多聽聽不同神明的意見啊，這樣子不好嗎？我告訴他：問神講求心誠則靈，如果不能信任你現在求的神明，那麼請自行找尋你能完全信任的神明吧，有任何一絲懷疑就不必勉強抽籤。

而且如果對神明的答覆有疑問都可以當場直接再問！既會想再徵求其他意見，必定是心有疑問吧，那為何不即時詢問呢？除非你只想聽到自己想聽的話，那這樣神明也沒轍了。

阿宅哥恍然大悟，「難怪我之前抽到『君爾何須問聖跡，自己心中皆有益』這支籤（六十甲子籤第四十七首），當時廟祝還跟我說神明告訴我，我自己心裡有底，不用來問，一切都會好轉的。」遇到這種信徒，神明很無奈吧。

讀者們自然對下下籤印象不好，然而這就跟上上籤或頭籤一樣，很多東西並不是靠一時的吉凶就可以蓋棺論定。畢竟人生很長，有時以為是禍事，事後看來其實是福氣。假如某人與女友分手，想要問是否有復合機會，神明給予下下籤，當事人痛不欲

屬木利在春天宜其東方

劉永做官蔭妻兒

辛酉

○○宮

君爾何須問聖跡
自己心中皆有益
于今且看月中旬
凶事脫出化成吉

解曰

六甲　月頭女　月尾男
歲君　淡淡
書信　過日到
詞訟　先凶後吉
年冬　中和
移居　好
求財　原舊
疾病　險
失物　尋之有
功名　科運未到
婚姻　頗之
求雨　上下未遠

六十甲子籤第四十七首籤意：何必求神問卜呢？
又是一個沒用功考不上的。趕快去念書，別抽了！

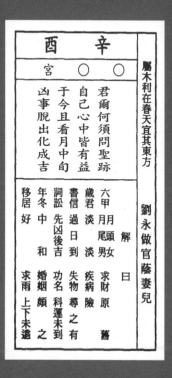

生，覺得蒼天無眼。但也許兩人並不適合，這時候分手，反而避開了以後的各種痛苦。再說，籤詩除了看內容意思，還要看抽的季節、時辰、當事人生肖，以及籤詩典故來配合，不是靠評價吉凶就可斷定的。

值得注意的是，有少數不肖廟宇，其上、中、下籤的數量並不是平均分配，或是籤詩被不肖人員解析後變成他們的詐財工具。比如求得上上籤的香客，廟方表示神明有靈，讓信眾多添香油錢，以答謝神恩。求得下下籤的話，那還是神明有靈，可做功德，添加香油錢，便逢凶化吉。抽到上上籤要添香油錢，抽到下下籤也要香油錢，那乾脆不要抽籤，一進廟裡就給香油錢，不是很好嗎？[41]

籤詩提供參考，重要的還是我們自己怎麼想，要如何才能符合神明的期許，這才是最需要討論的事情。

41 關於不肖廟宇斂財的方式，來自澳門熊神進先生之說法。

〔拾壹〕

求籤者的心，連上天都不知道

解曰

婚 功 移 求 生 作 月 官

廟

你知道嗎？即使占卜師再怎麼想賺錢，也會有拒絕上門客人的時候。

東漢王逸的《楚辭章句》寫了〈卜居〉這樣一個故事，鼎鼎大名的屈原先生被流放了，三年不可回國。他竭盡智慧，進諫忠言，而楚王竟被讒言蒙蔽，拒絕再見到他。屈原不知該何去何從，決定去拜見太卜（負責占卜的官員）鄭詹尹。此時屈原狀況想必很不好，但是到底有多不好呢？

大家很熟悉的高中課文〈漁父〉，描述屈原被放逐後，於江畔偶遇漁翁的情景：

屈原既放，遊於江潭，行吟澤畔，顏色憔悴，形容枯槁。

漁夫看到屈原在湘江、浣江附近的深潭邊上徘徊，臉色憔悴，身軀消瘦。嗯，感覺形跡可疑。如果在現代，大約就有人會高喊：「警察叔叔，這裡有怪人！」

作家蔣勳寫〈關於屈原的最後一天〉，嘗試描繪屈原當時的樣貌：

一個瘦長的男人吧，奇怪得很，削削瘦瘦像一根枯掉的樹，臉上露著石塊一樣的骨骼。眉毛是往上挑的，像一把劍，鬢角的髮直往上梳，高高在腦頂綰了一個髻，最有趣的是他一頭插滿了各種的野花。杜若香極了，被夏天的暑氣蒸發，四野都是香味。這男子，怎麼會在頭上簪了一排的杜若呢？

漁父仔細嗅了一下，還不只杜若呢！這瘦削的男子，除了頭髮上插滿了各種香花，連衣襟、衣裾都佩著花，有蘼蕪，有芷草，有鮮血一樣的杜鵑，有桃花，柳枝。漁父在這汨羅江邊長大，各種花的氣味都熟，桂花很淡，辛夷花是悠長的一種香氣，好像秋天的江水……

「你一身都是花，做什麼啊？」

站在太卜的立場來看，不管他看到哪個屈原，他心中所想到的是：「我操！來了一個怪人，這下不妙啊！」

居原對太卜說：「我對生命感到疑惑，希望能由先生您來替我決定。」

太卜貌似鎮定，擺出占卜的道具蓍草，拂淨龜殼，裝出一副世外高人的樣子說：

「您有什麼要請教我的啊？」

屈原一臉憂鬱地說：「我是要成為忠實誠懇的人呢？還是要能夠送往迎來，周旋於人群當中，讓自己不會窮困呢？還是我要憑藉自身的勞力做個除草耕作的人呢？還是要和達官貴人交往來成就名聲呢？是寧願直言不諱來使自身危殆呢，還是跟從社會流俗苟且偷生呢？是寧願超脫名利，遠離世俗，保全自己純真的本性呢？還是要阿諛奉承，戰戰兢兢，勉強順從地來巴結高官太太們（此指當時楚懷王寵姬鄭袖）呢？是寧願廉潔正直來使自己清白呢？還是玲瓏圓滑，隨俗邀寵呢？是寧願昂然自傲如同千里馬呢，還是像隻普普通通的鴨子隨波逐流，偷生來保全自己的身軀呢？是寧願和良馬（優秀人才）一起呢，還是跟隨駑馬（蠢才）的足跡呢？是寧願與天鵝比翼齊飛呢，還是跟雞鴨一起爭食呢？這些選擇哪些是吉、哪些是凶？我應該何去何從？（現實）世界渾濁不清：蟬翼被認為重，千鈞被認為輕；黃鐘被毀壞丟棄，陶鍋發出雷鳴般的響聲；讒言獻媚的人位高名顯，賢能的人士默默無聞。可嘆啊沉默吧，誰知道我是廉潔忠貞的賢士呢？」[42]

跟諸位看倌一樣，對太卜來說，屈原說話的內容已經突破天際，超越正常智商所能理解的範疇了。於是，他放下蓍草，婉拒屈原占卜的要求。

---

42 白話文改寫很簡略了，都如此難懂。這裡是原文跟天書一樣的〈卜居〉：

屈原既放，三年不得復見。竭知盡忠，而蔽障於讒。心煩慮亂，不知所從。乃往見太卜鄭詹尹曰：「余有所疑，願因先生決之。」詹尹乃端策拂龜曰：「君將何以教之？」

屈原曰：「吾寧悃悃款款，朴以忠乎？將送往勞來，斯無窮乎？寧誅鋤草茅，以力耕乎？將遊大人，以成名乎？寧正言不諱，以危身乎？將從俗富貴，以媮生乎？寧超然高舉，以保真乎？將哫訾栗斯，喔咿儒兒，以事婦人乎？寧廉潔正直，以自清乎？將突梯滑稽，如脂如韋，以潔楹乎？寧昂昂若千里之駒乎？將氾氾若水中之鳧，與波上下，偷以全吾軀乎？寧與騏驥亢軛乎？將隨駑馬之跡乎？寧與黃鵠比翼乎？將與雞鶩爭食乎？此孰吉孰凶？何去何從？世溷濁而不清：蟬翼為重，千鈞為輕。黃鐘毀棄，瓦釜雷鳴。讒人高張，賢士無名。吁嗟默默兮！誰知吾之廉貞！」

詹尹乃釋策而謝曰：「夫尺有所短，寸有所長。物有所不足，智有所不明，數有所不逮，神有所不通。用君之心，行君之意。龜策誠不能知此事。」

歷代學者很喜歡討論太卜最後為何謝絕替屈原占卜。通說裡有這麼一種推測：對屈原來說，太卜不管卜出什麼結論，居原都不會接受。屈原自問自答，將內心的憤懣和抑鬱，盡情宣洩，控訴整個世界，鄙夷世間的俗人，並不是真的有所疑問。遇到這種心中已經有定見，只是希望占卜者幫他說出口，贊同他的選擇的人，占卜者會很苦惱。

占卜者的工作，是要將神明給予的建議轉達給當事人，當事人不願接受或不願改變，無論占卜出什麼結果都沒有用，因為當事人只想世界照他所希望的方式運作。太卜當然會覺得，你根本就不會聽我的意見，幹嘛來問我。最後太卜只能以「用君之心，行君之意」回答，就是「你自己做決定吧，下場不好別來牽拖我。」

我遇過跟太卜同樣的情境；某日，友人阿宅哥苦惱於心儀的對象都不理他，他想問問神明，和這位女性有無可能。在廟裡求籤之後，六十甲子籤詩第四十八首：

陽世作事未和同
雲遮月色正朦朧
心中意欲前途去
只恐命內運未通

籤詩表示當事人和對方心意不相通、看法不一致，好比天上的月亮被雲遮住般黯淡朦朧，當事人雖然想要向前邁進，但事情無法如願達成。

的確，畢竟阿宅哥外貌宅氣沖天，聊天話題又很狹窄，專聊鋼彈模型，他喜歡的秀氣美人應該不會喜歡鋼彈……。在綜合狀況下，阿宅哥至少要投胎重來才有可能。而且籤詩的對應故事是「蜻蜓誤入蜘蛛網」，一個蜻蜓，一個蜘蛛，阿宅配正妹，果然異種相戀其實很不容易。

阿宅哥聽完籤詩解釋後，仍然很樂觀地表示：「這樣啊？那半年後我約她，她會出來嗎？」我心想現在就已經約不出來了，半年後也約不出來吧？而且神明已經說明這個緣分要成還滿困難的，還是想開點好。

但是，我們忽略了阿宅哥為了追求正妹，那堅忍不拔的精神，他死求活求，後面又抽出一支籤：

一重江水一重山
誰知此去路又難
任他改求終不過
是非終久未得安

這詩的對應故事是「姜女送寒衣哭倒萬里長城」。秦始皇的時代，范杞良被徵召築長城，之後就變失蹤人口了。他妻子孟姜女千里迢迢到長城下尋夫，才知道范杞良已死，屍骨難尋，悲痛之下嚎啕大哭，竟然把長城哭到崩塌，城牆崩塌之後，露出她丈夫的遺骨。天吶，抽籤抽到連孟姜女哭倒長城這故事都出來了，沒救了。阿宅瞬間表示生無可戀。

然後他又一臉期盼地問：「那一年後呢？我跟她有可能嗎？」

我深深吸了一口氣，希望阿宅能醒醒，說：「她喜歡你，你今天就不會來問了。」

在阿宅哥的堅持下，他又向神明卜了一籤。上面這樣寫著：

不須作福不須求
用盡心機總未休
陽世不知陰世事
官法如爐不自由

旨意十分明白，就是他死纏爛打，一定要問個水落石出，問到神明也發火了，就給他這張籤。以前遇過不少朋友求到的籤詩不盡人意，執意要問出自己想要的答案，最常會抽到這支籤，因為這籤連我自己也抽過……。

天上聖母靈籤

丙午（○○○●●○）

不須作福不須求
用盡心機總未休
陽世不知陰世事
官法如爐不自由

李世民遊地府

求財	耕作	經商	歲君	六甲	婚姻
春夏秋好冬呆	無收	難就了錢	浮沈	先男後女	不合有鬼作怪

家運	失物	六畜	築室	移居	墳墓
陰邪求神解決	難得運途難移	不可納	不可	不可	地勢不佳

出外	行船	凡事	治病	作事
防險	不如	不恐防風波災	必危有陰公作祟未日過不畏	退步

功名	官事	家事	求兒	求雨	來人
難得	不審和無結局	恐防有變	不可	不日到	遲慢

一直瘋狂求籤問神，不肯放棄的人，很容易抽到這張籤，
神明可能覺得遇到了奧客。

籤詩表明問卜者心願無法達成，是有我們所不知道的因果關係，造成現在種種不順。因此不要怨天尤人，做事應當心存善念，依正道而行，盡自己的本分多做好事，努力積善因，未來才有結善果的機會。老實說，神明的意思並不完全是指命運早注定，所以當事人只能認命看開。人世間的確有些事情人力難及，但是更難做到的反而是放下執念，改變自己。

阿宅哥也是如此，其實他只想聽到神明表示，他跟秀氣美女是有可能的，他才會罷休。阿宅哥這樣硬拗神明求籤，展現他個性執著的一面，他追求女生，想必有所堅持，但未必是好的。也許放下執念，和對方自自然然做朋友可能還有機會。又或是要他專注在自己的事業或生活，不要把對方的一舉一動放大，把對方當女神看待，在提升自我之後，能更平等地跟對方相處。這才是神明給籤的目的，提醒大家的缺失。當人心念轉變，個性改善，自然人生也轉運了。不然，原來個性沒變，下次遇到相同的事，又是一再重演同樣的故事。

所以，什麼問題不要問？——你如果只想聽自己想要的答案時，那就不要問。不然神明會生氣啊！講不聽，還來問我做什麼呢？

占卜者還常遇到狀況是這樣的，比如說多年前，我在念研究所時，學弟妹們最常問：「學姊能幫我卜看看，論文何時能寫完嗎？」……施主，這要問你自己啊！現在趕快寫不就寫完了嗎？難道還讓神明幫你寫？問神明，神明也會叫你趕快寫。雖然，我們可以理解，有些事需要別人推一把或是督促，不過自己該完成的事情不需問神明，實在不用為這些小事一直叨擾神明。

當然，如果是人生的轉折點有疑惑，神明會給予建議。比如要考試的話，報名前可以來問要不要報考公務員，又或是念書當中需要神明鼓勵，也可來求籤。但是報名公職之後，還一直問會不會上榜，就不需要了；況且會不會上榜多寫寫考古題就知道了，不用問神明，看歷屆分數還比較準。

我遇過一幕難忘的場景，忘記是在淡水清水祖師廟還是淡水龍山寺，有一位爸爸為女兒考大學聯考求籤，但籤詩表示以目前情況，他的女兒要重考才會上，當時解籤人只講述了結論。然後，那位爸爸跪在那裡連擲了十二個怒筊，廟裡在場的信眾都非常訝異，後來他在大家的建議下，把籤詩拿去香爐燒掉，焦慮之情才得以減緩。神明表示，可能不會上榜，因為準備得還不夠充分，這時候神明是在提醒當事人，趕快回家讓女兒念書，程度還沒到位還楞在這裡做什麼？只是沒想到當事人執著於要求到好籤，忘記真正該做的事情。

還有一種狀況，解籤人也常遇到。有人問：我最近什麼病，身體哪裡痛，病況會不會變嚴重？會的話，我要去看醫師嗎？

這……拜託不用問了！請趕快去看醫師，快去掛號！就算求籤，神明也會叫當事人趕快去看醫師。什麼？還要卜卦一下看哪位醫師才好？那這樣每天早上大家要走哪條路去上班？走左邊還是右邊，是不是也要求一下籤？尤其現在網路求籤非常方便，所以好像什麼都可以求問，於是大家就隨便問問。

還有另種情形，就是當事人身體很不好，想抽籤問看看疾病運勢。例如有位當事者是女性，表示生理期來時狀況都很不好。我建議當事人去看婦科，她表示不想看婦科，痛的話吃止痛藥就好。我心想，可是妳都為此苦惱了，不看醫師，那是要等病自己好嗎？然後，我又建議，是否要運動看看，改善身體。當事人表示不想運動，我想，那算了，看神明意見吧？

此後來來去去十年之間，她為了疾病抽了不少籤，六十甲子籤詩幾乎都抽過一輪了。不管怎麼抽，籤詩在治病欄上提到的解析大都是「悉心調養」、「細心調治，月半不癒重」，或是「時也命也，破財保安，幸喜遇良醫」。她每次抽到，覺得籤的意象很好，於是就安心回家了，然後什麼也沒有做，坐等每個月一次的婦人病好轉。十年之後，當事人因婦科疾病變嚴重，去醫院做大手術，休養了半年才好，但元氣已大傷。

當事人從頭到尾沒有去醫院就診，沒有細心調「治」，怎麼會「喜遇良醫」？治是動詞，表示有病就要去治啊，要行動，行動很重要，不管是「調養」、「調治」，或是「喜遇良醫」，都是動詞，需要的是行動！神明沒辦法代替我們看病。就像老師教得再好，小孩還是得自己寫作業，大人沒辦法代替他寫。的確，求神明保佑當然很好，可是神明給了建議，還得要靠個人自救！

最後講一個在算命理論中很重要的事情，就是求籤者基本心態的問題。這裡引用明朝劉基（劉伯溫）寫的〈司馬季主論卜〉。

傳說中劉基精於天文術數，通於占卜，其《燒餅歌》預示往後數百年將發生的未來，但這只是傳說，除非我們能穿越到大明朝，不然無從得知劉基是否真的會算命，但他在〈司馬季主論卜〉一文中，顯示了對算命的看法，他並非完全反對算命，但關注的焦點是大家應當回歸到個人人格的展現，而非算命本身。

〈司馬季主論卜〉是說，秦朝時期東陵侯邵平在秦滅亡後，爵位被廢棄，家境貧寒，於是他在長安城東種瓜以維生。時光飛逝，在長久的落魄之下，邵平想要奮起，於是往司馬季主那兒去占卜。邵平向司馬季主表示自己目前雖然失意，但他相信天命循環反覆，自己雖失勢，必將再起，希望季主提供建議。季主跟他講了一段話如下：

嗚呼！天道何親？惟德之親；鬼神何靈？因人而靈。夫蓍，枯草也；龜，枯骨也，物也。人，靈於物者也，何不自聽而聽於物乎？且君侯何不思昔者也？有昔者必有今日，是故碎瓦頹垣，昔日之歌樓舞館也；荒榛斷梗，昔日之瓊蕤玉樹也；露蛬風蟬，昔日之鳳笙龍笛也；鬼燐螢火，昔日之金釭華燭也；秋荼春薺，昔日之象白駝峰也；丹楓白荻，昔日之蜀錦齊紈也。昔日之所無，今日有之不為過；昔日之所有，今日無之不為不足。是故一晝一夜，華開者謝；一春一秋，物故者新；激湍之下，必有深潭；高丘之下，必有浚谷。君侯亦知之矣！何以卜為？

「天道何親？惟德之親」，上天會保佑什麼樣子的人呢？應該有道德的好人，親近他們。神明會保佑殺人犯嗎？恐怕不會。陳進興當年在逃亡的時候，也有去廟宇拜拜，最後還是落網了。

又或是小三在神明面前祈求，請問神明能否讓對方離婚，讓她扶正上位。神明會同意嗎？這反而讓神明看到人性最醜陋充滿慾望的一面，神明如何會喜歡？大家在親朋好友之間都還會掩藏一下自己的真性情，希望能展現最好的一面給大家看；在神明面前卻將自己的慾望及執念徹底展現出來，這反而是一件很奇妙的事情。或許，我們應該對於所祈求的願望，自己要重新思考，是否合於正道，與自身的修正問題。

接著，「鬼神何靈？因人而靈。夫蓍，枯草也；龜，枯骨也，物也。人，靈於物者也，何不自聽而聽於物乎？」大家想想鬼神為什麼會靈驗？都是因為人們相信鬼神才靈驗。算命的道具，像古代使用的蓍草只是枯草，龜甲不過是枯骨，都是死物。人比物靈敏聰明，為什麼不聽從自己，卻聽命於不知來路的死物呢？某些反對算命卜卦的說法表示，人生運勢有起有落，怎知今天卜卦，剛好遇到解籤人一生中運勢最不準的那一天。還是說去求籤斷卦的時候，剛好是自己一生中，運勢不好的那段日子，所以不準？算命者之所以靈驗，是因為人們相信。如同劉基的觀點，人是萬物之靈，應當依靠自己，而不是那些無法確定的狀態。

再來說到「有昔者必有今日」。面對現在發生的事感到痛苦時，為什麼不想一下過去發生了什麼事造成今天的局面呢？有過去就必然有今天。過去沒有好好花時間跟老婆相處，今天老婆要鬧離婚，這都是因果。如果理解我們所遇到的挫折，來自之前的行為處事，就能接受這一切都是自己造成的後果。

最後，「激湍之下，必有深潭；高丘之下，必有浚谷」。人生有起有落，沒有任何人生命能永遠維持在高點。

過去沒有的現在有了，不算過分；過去有過的現在沒有了，也不能算不足。以前未出社會，所以有很多時間可以做自己想做的事。現在事業有成，但是沒時間去旅遊或是培養嗜好，人生很公平的。

我遇過諸多婦女抱怨，說非常後悔結婚，結婚後都沒有自己的時間；然而換成未婚女子來解籤，總是抱怨自己很孤獨無聊。這樣好像不管結婚或是未婚，人生根本就是各種苦痛。我們應該要把握當下，未婚時享受未婚的好處，結婚之後享受婚姻的幸福。

人生福禍相倚，單看自己如何理解這一切。劉基此文就是提醒大家卜算的真正心態，人最後要回歸到自我。求籤是為了改變自己的命運，而非照著籤詩的運行發生既定的事情，或是想聽神明說出自己想要的話，那樣的話不如不要來求籤。既然要改變命數，那就要改變自己的抉擇，甚至是改變心態，不然求了千千萬萬支籤也沒有用啊。我們的過去就是我們的今天，我們的今天就是我們的未來。

〔拾貳〕

數位時代求籤新知

【人們總是毫不猶豫地把八字交給別人】

解曰

婚 功 移 求 生 作 月 官

廟

網路上常看到，網友閒暇玩笑之餘，總是說某天不想繼續在科技業爆肝，可以去賣香雞排。我常聽到的說法是，如果有天要辭職，可以去開廟，賺香油錢。

經營廟宇沒有那麼簡單，就跟創業一樣，加上宗教民俗的複雜性，很難說想開就可以開廟。既然解籤是廟宇經營的一個重要部分，那麼廟方是如何經營的呢？

有些大廟像是行天宮、台北龍山寺、北港朝天宮，每當逢年過節期間，廟內人滿為患、擠得水洩不通，櫃檯的人員一天可能會被問超過一千次：「廁所在哪裡？」解籤人員更是連水都沒空喝，必須應付眾多人潮。像行天宮因為信眾很多，有特別設立解籤部門，但即使是這樣，在神明生辰等重大節日，解籤人員一天最多要解一百二十至一百五十支籤左右。

對於人力沒這麼充足的廟方來說，長年解籤人力的不足，可以用現代科技來幫忙解決。據說求籤詩頗靈驗的中和烘爐地南山福德宮，早年也有解籤人幫忙解籤，但是因為烘爐地二十四小時都能參拜，很多人深夜來拜拜順道看夜景。廟方無法二十四小時都有解籤人值班，所以採用了電腦解籤設備，並在旁邊放解籤書給信眾參考。

目前也有更進步的解籤機器，像是雲林縣四湖鄉保安宮，他們的籤條含有電子晶片，利用電腦感應，就能直接列印籤詩並且解讀。如果長輩無法看懂的話，還有國、台語發音，可以用聽的，當然列印帶回家也可以。這麼強大的電腦解籤設備，不是每間廟宇都有；畢竟資金雄厚的廟宇能夠直接請人，加上願意解籤的志工也不少，而且人力還可以做很多事情。

現在更有寺廟打算採用機械人做解籤志工，北港武德宮運用 Pepper 解籤詩，將來還考慮讓機器人擔任廟裡的團拜、祭祀等活動司儀。利用機器人能更有效率改善服務流程，也能解決廟方人力負擔。

想想看，在不久的將來，在廟裡面幫大家解籤的是仿真機器人，身高一八〇，長相可比劉德華、湯姆克魯斯，或是可以換成志玲姐姐二十四小時解籤服務，能說二十五種語言……好了，打住這些想像，雖說搞不好將來是由VR投影提供服務人員亦有可能呢。

回到現實，目前運用現代科技的特色籤詩，還有高雄岡山壽天宮可為代表。他們發明了一種特殊的「浮水籤」，民眾擲筊獲媽祖「同意」後可取得一張浮水籤，拿到時看似白紙，只要碰到水或放在水中，就會浮現字樣。這是不是很類似武俠小說，主角得到特殊的密語，但是壞人都看不出來；等到主角靈光一現，用火烤或水浸，才能破解機關。說不定，其他廟宇也會跟進採用火烤的籤詩呢！

除了籤詩本身呈現方式的改變，抽取方式也有新的發展。近來流行轉蛋風潮，部分廟宇將腦筋動到轉蛋身上，將籤詩放入轉蛋機，供民眾抽取。新港奉天宮內有一台機身彩繪「虎爺」的提款機，每次交易後，收據背面會有額外印上的籤詩，是廟方跟銀行合作，特製好運籤詩列印在明細表背面，讓信徒提錢之餘，順道求籤，讓人備感廟方的用心。[43]

說了這麼多，其實從二〇一〇年開始有不少寺廟意識到網路力量無窮，直接架設求籤網站，為遠方的信眾服務。一開始是設求籤網站，後來變成求籤App。目前全台最為知名的七王爺靈籤，據說起因是屏東的東港鎮海宮找不到固定的乩童，廟方人員頗為困擾，後來靈光一現，突然想到可以辦理線上求籤，於是廟方請示七王爺同意之後，開始架設線上求籤服務。[44]

我正巧跟上這股風潮，看到網路一堆鄉民對於七王爺極其崇敬，於是也把自己的各種問題提出來，請問七王爺。也許是問太多了，最後總是得到一支籤：

43《蘋果日報》〈永豐ATM進駐奉天宮，祈福更便利〉，二〇一五年十月二十一日。
44 PTT版上有一篇kokone網友所發表，關於東港鎮海宮網路解籤的由來。

不須作福不須求
用盡心機總未休
陽世不知陰世事
官法如爐不自由

好的，一路看到這裡的讀者朋友，應該能秒懂七王爺想表達什麼吧。

總結來說，從我個人經驗，可以得知為何線上求籤如此之紅。當事人總是一問再問，想要問更多細節。我有看過同一人問好幾支籤，解籤花很久的，求籤人有不能解的疑惑，需要人開導，但是又怕麻煩解籤人員太多；這時候，線上求籤是一個好選擇，雖然不能說隨信眾怎麼問都行，但至少在神明面前可以直爽地把內心事講出來，畢竟求籤內容涉及個人穩私，求籤者可能因為無法在廟公面前講太多心事，有所隱諱——這樣廟方也無法替當事人妥善解釋籤詩。

不過廟方仍維持傳統解籤方式，信徒如果信不過電腦，廟方人員一般還是樂於一對一地講解籤詩內容，讓傳統與科技並行。[45]

小心！線上求籤網站可能會把你的資料外洩

臉書上常看到網友分享網站的算命運勢，或是一些籤詩占卜，有些八字網站得輸入當事人的生辰八字卜算運勢，有些網站則要人輸入電話號碼以測吉凶，有的則是算身分證字號吉凶。部分網站還會要求當事人必須使用臉書或是其他社群網站登入，才能卜算。

45《聯合報》20版雲嘉南綜合新聞，二〇〇一年六月五日。

這些算命網頁很多人在用，看起來只是臉書小遊戲或是博君一笑的網頁而已。可是諸位，你們的個人資料外洩了！

假如當事人點進網站想從籤詩上獲得啟示，此時，籤詩網站要求必須使用臉書或是其他社群網站登入，這就要考慮到資訊安全問題。目前市面上不少網站是知名大廟架設，秉持著予人方便的精神，多數網站並不需要個人資料即可登入求籤，但是網際網路當中，卻有更多算命網站並不知道架設者是誰，當我們使用社群網站登入，這個網站就會獲得我們的個人資料，而這些個資會作為何種用途，實在很難預料。按了同意，如果是臉書之類的網站，會將個人的資訊給對方網站，甚至是好友連結相關資料也會一併傳送。但是，到底臉書怎麼給別人資料，或是給了何種資訊給這些網頁，我們無從得知。所以，良好的使用習慣可以避免被盜帳號，或讓電腦、手機被植入奇奇怪怪的病毒。

除了求籤網站之外，年輕一輩的信眾喜歡輸入資料在網頁算命，網站通常會要信眾輸入姓名，以卜算運勢。有朋友曾經很得意地跟我說，她總是用假名登錄去網站算命。不過對於求籤的信眾來說，大家是在網路上跟神明對話，想要得到準確的運勢，是不會輸入假資料的。我就曾查到有解籤網站要人輸入的資料包括：真實姓名、出生年月日、性別、電子信箱到住址全部都要，這樣的網站太可疑，如此一來個資完全外洩了。

求籤問卜是好事，但是網站希望信眾填入住址的用意是為何呢？雖然拿生辰八字配籤詩解析會增加準確性，但實際上所有的網路解籤都沒有加入連當事人八字一起算的功能（如果有人遇到有此功能的網站，可至粉絲團告知我，我也想知道神人在何方）。再者，求籤是需要跟神明報上身家沒錯，但祂們並不需要信徒輸入網路資料，只要誠心默禱就能直接傳達給神明知道，所以要求信眾輸入身家資料的網站，其動機可議。

當然我們可以理解，廟方或許是希望統計自己的信眾客群，究竟是來自於何種地區或是年齡跟男女，以方便行銷或增添便民服務。然而現今駭客當道，資安問題委實要多加注意。

在網路上傳送自己的私人資料，個人的年齡、婚姻狀況、愛好、手機號碼等，容易被一些不法之人利用，對現代人來說，保護好自己的個人隱私，比起解籤算命重要多了。

古人其實在個資方面比我們更謹慎，以前民間就有各類說法，認為不可以把自己的生辰八字隨便吐露，認為八字容易被有心人利用；如有些人八字先天純陰純陽，會被很多邪術師看上云云。我一開始也覺得可笑，認為這好像是大陸很流行的修仙或修真小說裡才會出現的說法，哪會真的拿到八字就可以作法的；然而，據我以前的打工經驗發現，每遇需要客人設定會員密碼時，一堆人就用出生年月日或1234，再不然就是0000等很簡易的密碼，換句話說，不用作法什麼的，光是知道出生年月日就可以做很多（壞）事了。

一般人對於算命資安的維護都抱持僥倖心理，覺得沒發生什麼事，就沒有關係。但是大家並不理解，除了網站自身是否會將個資外賣的問題，此類網站平台早已成為駭客攻擊的目標，愈是熱門的算命網站平台，愈能引起駭客的興趣，尤其是有大量個資的網站，對於駭客來說，竊取這類個資，轉賣給詐騙集團賺取利益，而詐騙集團拿到個資之後，又再使用於詐騙當事人身上。[46]

最後，一旦個資被人拿到，還不用等人作法什麼的，銀行或臉書帳號就先被盜走了。大家在網路算命時，不可不慎。總之，窮算命，富燒香。大家還是先關心好自身的資訊安全，再來算命，好嗎？

46 林俊賢等著，《網站入侵現場鑑證實錄》，台北：碁峰資訊，二〇一六年，頁11。

平安符是神明的QR Code，可以隨身帶著走。

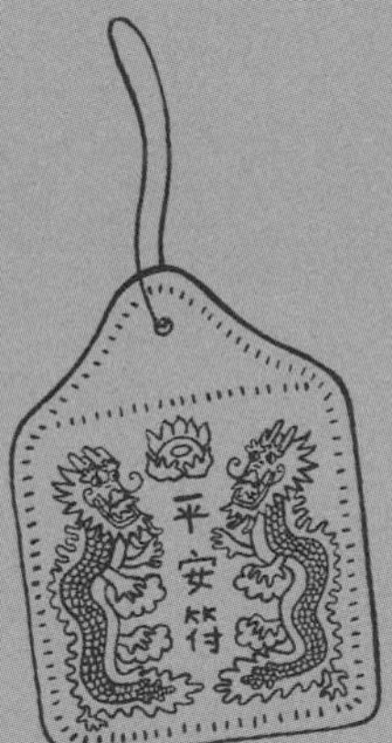

結語

你的心才能成就自己的幸福

我在寺廟裡訪談的時候，感到有些不可思議的事情；像是打開籤盒或是觀察籤櫃裡面的籤詩，發現有些神明給籤，似乎有其喜好。

每次拜訪台中樂成宮，總是發現第五籤缺貨中，本以為是廟方一直沒補貨，所以我嘗試告知廟方，第五籤又沒有了。廟方表示，並非沒補籤，一直有跟印刷廠下第五籤的訂單，因此也才知道月老常發給信眾第五籤，導致此張籤詩經常被信眾索取。

研究之後，我發現第二十五、二十七、二十八、三十三籤也有類似情況，廟方提及特定幾支籤常常要補貨，猜測是信眾問的問題很類似，導致月老回答都相似。或是一陣子有季節性提問，比如結婚旺季，大家來問的問題都很相似，月老解題的回答相同。所以信眾都抽到類似的籤詩，鹿港龍山寺也有類似的情形。

不過我另外問了數間大廟，像是行天宮或是大甲鎮瀾宮，廟方表示並無此種狀況，猜測是因為神明的屬性，信眾各類問題都有詢問，並沒有專門討論特定議題，所以神明回答得很平均，並沒有特定籤詩抽取的情況發生。

提到神明旨意，總不免想請問解籤人是否有某些特殊的感應。有些人分享了自己不可思議的經驗，有些則是說了他們聽到的故事。不過，目前所遇到的解籤人大都否認自己有用「感應」解籤，最多說是「靈光一現」，解籤時突然有某種想法，或是直覺。有趣的是，很多人提到他們聽說某些通靈人解籤的故事，但是要說實際上在眼前有這樣的人，倒是沒有遇過；也許是因為我去的大多是大廟，都是以人為本，而不是神通。

在訪問的過程中，我也感受到了社會的變遷。小時候曾經看過一本童書，是一群校長們的童年回憶錄。他們小時候家裡都生了四個或五個姊妹，就是為了一定要生男的。這個反映在籤詩上，早期如六甲生男生女、風水墳墓，這些都是求籤者擔心的事情之一。

如果以詢問生男生女來討論，籤詩的解曰裡面，生男是生女的三倍，生女孩幾乎都出現在下籤中。這看起來當然很誇張，但是也反映了時代的焦慮，當信眾關注生子問題時，「六甲先男後女」這類的字眼一再地出現，使當事人或其家人不用再擔心，就算最後沒有生男，但是因為神明給予希望，或是覺得是某種旨意而使籤詩不靈驗，不會因此質疑媳婦的問題，終歸能使家庭和樂。在這個年代，想要生女兒的爸媽抽到了生女的籤，得償所望，原本的下下籤就變成好籤了。

在這些解籤的歷程中，我著實感受到求籤者的感情與執念，讓人對世間莫可奈何。有的人想尋求姻緣，執念於求籤本身，一直跳脫不出詢問相同的問題，卻忘了與神明對話，改進自己的問題，自然能吸引到姻緣。有人遇人不淑，卻執念於自己為何至此，卻沒有注意到自己喜歡的類型是講話天花亂墜的人，若是調整之後，自然不會總是談感情如此艱辛。人只能看到自己，卻看不到自己在整個世界當中的定位。

會想要求籤算命的人，大都起因於心靈的迷茫，所以對於人生產生疑惑，想尋求神明的協助。但是愈是探索，我們愈會發現，重要的不是術數本身，求籤只是一個工具而已，重要的是大家如何看待這一切，請姑且將本書當成是一個田野調查的一個小小部分。我原先接觸術數，是想要探究自己這一生所為何來？最終明瞭到，生命裡無法解釋的事情實在太多，人類只是這個塵世短暫的過客，活在當下即可。

在所有的術數中，求籤可以讓神明跟信眾溝通，但是不管如何，即便神明給了我們再多的建議，最後事情的成敗及未來的走向，仍是掌握在自己的手上。最終，我們能探究的，或許只有眼前這一畝地。與其關注一堆無關緊要的他人生活八卦，不如照顧好自己的內心，關注自己的生命，和他人好好相處，才是我們來人世間的目的。

人
文。
019

籤詩密碼：神明誠徵專屬解籤人

國家圖書館出版品預行編目（CIP）資料

籤詩密碼：神明誠徵專屬解籤人 / 徐維芷著 ;--
初版.一臺北市：聯合文學，2019.2
240 面;14.8×21 公分. --（人文 ;19）

ISBN 978-986-323-294-0（平裝）

292.7　　108001098

作　　者／徐維芷
發 行 人／張寶琴

總 編 輯／周昭翡
主　　編／蕭仁豪
資深編輯／尹蓓芳
資深美編／戴榮芝
封面插畫／葉佳純
業務部總經理／李文吉
行銷企劃／邱懷慧
發行專員／簡聖峰
財 務 部／趙玉瑩　韋秀英
人事行政組／李懷瑩
版權管理／蕭仁豪

出版日期／2019 年 2 月　初版
定　價／320 元

ISBN 978-986-323-294-0（平裝）

法律顧問／理律法律事務所 陳長文律師、蔣大中律師
出 版 者／聯合文學出版社股份有限公司
地　　址／110 臺北市基隆路一段 178 號 10 樓
電　　話／（02）2766-6759 轉 5107
傳　　真／（02）2756-7914
郵撥帳號／17623526 聯合文學出版社股份有限公司
登 記 證／行政院新聞局局版臺業字第 6109 號
網　　址／http://unitas.udngroup.com.tw
E—mail：unitas@udngroup.com.tw
印 刷 廠／沐春行銷創意有限公司
總 經 銷／聯合發行股份有限公司
地　　址／234 新北市新店區寶橋路 235 巷 6 弄 6 號 2 樓
電　　話／（02）29178022

貓空 維芷宮

尾籤

籤籤相連到天邊
東坡雷雨月老籤
唯有守心行正道
方得神明來相解

⊙籤解

歲君 諸事大吉
婚戀 天賜良緣
事業 大展鴻圖
樂透 有買必中
人際 情誼永篤
減肥 順利成功

銘謝閱讀